PETIT TRAITÉ
DU
GENRE DES SUBSTANTIFS

DE LA LANGUE FRANÇAISE

AVEC DES APERÇUS ÉTYMOLOGIQUES

ET DES

MODÈLES D'EXERCICES

Par M. C. GOMBERT

Auteur du *Fil Conducteur* pour discerner le genre des substantifs
de la langue française,
Vocabulaire raisonné, contenant environ 13,000 mots usuels, classés
d'après une méthode entièrement neuve.

Se vend à Paris, chez l'Auteur, 30, rue d'Enghien,
Et dans les principales Librairies classiques de France
et de l'Étranger.

Prix : Broché . . . . . 1 fr. 60 c.
Cartonné . . . . . 1 fr. 90 c.

PARIS
IMPRIMERIE V. GOUPY ET JOURDAN
71, rue de Rennes.

1880

PETIT TRAITÉ

1665

8° X 1632

Cet ouvrage étant propriété de l'auteur, tous droits de reproduction sont réservés.

PETIT TRAITÉ

DU

GENRE DES SUBSTANTIFS

DE LA LANGUE FRANÇAISE

AVEC DES APERÇUS ÉTYMOLOGIQUES

ET DES

MODÈLES D'EXERCICES

Par M. C. GOMBERT

Auteur du *Fil Conducteur* pour discerner le genre des substantifs
de la langue française,
Vocabulaire raisonné, contenant environ 13,000 mots usuels, classés
d'après une méthode entièrement neuve.

Se vend à Paris, chez l'Auteur, 30, rue d'Enghien,
Et dans les principales Librairies classiques de France
et de l'Étranger.

PARIS
IMPRIMERIE V. GOUPY ET JOURDAN
71, rue de Rennes.
—
1880

AVANT-PROPOS

La Grammaire enseigne qu'il y a en Français deux genres: le genre *masculin*, qu'elle assigne aux noms d'hommes et aux noms d'animaux désignant en particulier un mâle ; et le genre *féminin*, qui est propre aux noms de femmes, et, chez les animaux, aux noms désignant une femelle en particulier.

Puis elle en réfère à l'*usage* pour attribuer l'un ou l'autre de ces genres à une foule de noms où la distinction du sexe ne peut avoir lieu. Or, il est vrai que l'*usage* est un excellent maître. C'est lui qui, dès l'enfance, nous a familiarisés, non seulement avec les difficultés, mais encore avec le génie de la langue maternelle. Grâce à l'usage, nous faisions à notre insu l'application des règles, longtemps avant d'en avoir étudié les principes. De plus, il est constant que si l'usage a posé les principes, c'est encore lui qui leur donne force de loi ; car la grammaire n'a pas de tâche plus importante que celle de recueillir et d'inscrire fidèlement ces règles et ces lois, ainsi établies, afin qu'en les exposant dans leur ensemble, d'une manière raisonnée et suivie, un livre puisse enseigner à parler et à écrire correctement, et suppléer, pour les étrangers, au défaut de l'usage.

Cependant sur une question aussi usuelle que celle de l'emploi des genres, la grammaire garde le silence, ou du moins, elle ne donne qu'une notion très incomplète, s'abstenant de prononcer sur le point où gît la principale difficulté, celle de discerner le genre des noms abstraits, le genre des objets inanimés, et celui des noms d'animaux, communs au mâle et à la femelle.

Evidemment c'est une lacune ; lacune désolante pour les étrangers ; lacune que les Français eux-mêmes seront bien aises de voir comblée, ne serait-ce que pour n'entendre plus accuser leur langue d'incohérence et de caprice.

Dans cette pensée, nous avons pris à cœur de venger notre idiome national en démontrant :

1° Que, dans sa formation, la langue française a suivi une marche régulière et logique, en groupant comme par familles, pour les réunir et ranger sous un même genre, les noms de significations semblables, tels que les noms de sciences, les noms de vertus, de bonnes et de mauvaises qualités, et généralement tout ce qui est du domaine de la métaphysique ; et encore quelques autres noms de choses appartenant au monde physique, comme les arbres, les métaux, etc. Certaines terminaisons sont propres à telles ou telles de ces séries de noms.

2° Que pour la nomenclature des noms de choses dont l'usage est le plus fréquent, notre langue, née de la langue latine, a suivi dans leur formation, toute spontanée et naturelle, des lois constantes, d'où résulte une règle bien simple, qui consiste à donner le genre masculin aux noms terminés par une consonne ou une voyelle sonore, et le genre féminin à ceux qui se terminent par un e muet.

Il y a des exceptions, mais ces exceptions, si nombreuses qu'elles soient, ne sauraient infirmer la règle générale, puisqu'il est aisé de s'en rendre compte par l'étymologie qui donne lieu à certaines règles particulières.

Nous en avons fait l'objet d'une étude toute spéciale dont le développement forme la deuxième partie de cet ouvrage, où sont classées toutes les terminaisons de nos substantifs, tant masculins que féminins.

Une table alphabétique donne toute facilité pour les recherches et permet de trouver sur le champ un nom, quel qu'il soit, d'après sa terminaison.

C'est en songeant aux étrangers que nous avons cherché à aplanir une difficulté, regardée jusqu'ici comme insurmontable pour eux ; et c'est à cette intention que nous avons livré à l'impression, dans le courant de 1875, un travail, dont l'idée nous occupait déjà depuis plusieurs années. Ce livre a paru en février 1876, sous le titre de : *Fil conducteur, utile à tous, et indispensable Vade mecum de l'étranger pour discerner le genre des substantifs de la langue française, vocabulaire raisonné,* etc.

L'opuscule que nous publions présentement est offert aux enfants de la France, comme à ceux des contrées étrangères. Leur intelligence y découvrira des lumières nouvelles, et aura le plaisir de pouvoir elle-même en agrandir le cercle.

On nous pardonnera si, à une époque où de remarquables ouvrages sur la philologie tendent à populariser cette science et à la faire pénétrer dans l'enseignement, nous avons mis sous les yeux de nos jeunes lecteurs quelques règles sur la formation et le genre des substantifs de la langue française, d'après l'étymologie latine. Nous avons cru les intéresser, en les éclairant sur l'un des points de l'histoire de la langue maternelle, au moyen de ce travail dont la matière nous a été fournie par un concours obligeant. En ce qui concerne ces aperçus étymologiques, dans la mesure du cadre que nous nous sommes tracé, nous avons puisé aux meilleures sources. Les emprunts faits à M. Auguste Brachet, témoigneront combien les ouvrages de ce savant philologue nous ont été utiles et précieux.

Cette addition à notre livre étant seulement à l'usage des élèves qui apprennent les langues mortes, nous avons marqué d'un astérisque les numéros des paragraphes et des questionnaires qui ont rapport à l'étymologie. Les autres élèves auront toute facilité de les passer; ils pourront de même ne travailler que sur les mots français de la deuxième partie.

Notre premier ouvrage, le *Fil Conducteur ou Vocabulaire raisonné*, peut servir de développement au Petit Traité : il est préparé de manière à favoriser le travail des élèves, ils y trouveront, classés d'après leur terminaison respective, et dans l'ordre qui sert de base aux règles, environ treize mille noms usuels, dont la recherche en tout autre livre demanderait beaucoup de temps et de peine.

Les Exercices à faire sur ces règles peuvent être variés presque à l'infini, et sont destinés à rendre aussi intéressante que facile l'étude du genre des substantifs, en même temps qu'ils conduiront à la connaissance de l'orthographe usuelle, connaissance si difficile, qu'on ne saurait trop multiplier les ressources propres à l'acquérir.

PETIT TRAITÉ

DU GENRE

DES SUBSTANTIFS FRANÇAIS

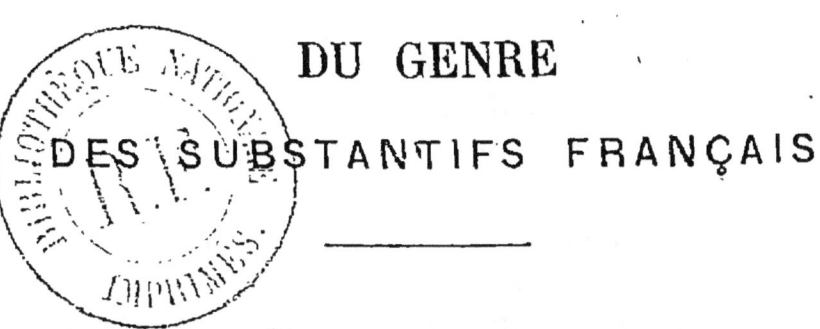

Ce livre, mes jeunes amis, présente quelque chose de nouveau, et je m'assure qu'en cela il ne vous déplaira pas : la nouveauté a toujours son attrait.

De plus, si vous me ressemblez, vous n'avez jamais dû être pleinement satisfaits du moyen qu'on nous proposait pour discerner le genre de cette multitude de noms qui ne désignent ni un homme, ni une femme, ni un mâle, ni une femelle en particulier. « S'en rapporter à l'usage, nous disait-on, essayer de mettre devant les noms *le* ou *la*, *un* ou *une*. » Ce procédé est-il très profitable ? Pour un mot qu'on n'a jamais entendu prononcer, de quelle ressource sera le jugement de l'oreille ?

Tantôt on trouvera que *le* fait aussi bien que *la*; tantôt il semblera que ni l'un ni l'autre n'est recevable; tantôt enfin le nom, commençant par une voyelle, n'admettra que l'article élidé, de telle sorte qu'il devient impossible de sortir du doute par cette voie.

Vous accueillerez donc volontiers la méthode entièrement neuve et beaucoup plus précise que je viens vous offrir.

Étudiez un peu la première partie du Petit Traité

des genres, et vous vous convaincrez que tous les noms communs peuvent être **rangés en différentes classes**, soit d'après leur signification, soit d'après leur terminaison.

Ayant une fois appris la règle particulière à chacune de ces classes, il vous sera aisé d'assigner, de prime abord, le genre propre à un nom, même inusité pour vous.

Cela vous surprend peut-être, mais vous allez le comprendre, car... de deux choses l'une : vous connaissez la signification du nom, ou vous l'ignorez. Dans le premier cas (c'est-à-dire si vous la connaissez), il vous sera aisé de vous rendre compte de la classe à laquelle ce nom appartient, et de la règle qui doit y être appliquée en conséquence ; je suppose que vous parliez d'un arbre ou d'un métal, vous vous conformerez à la règle qui donne à ces sortes de noms le genre masculin ; et s'il s'agit d'une science ou d'une industrie quelconque, vous aurez encore recours à une règle pour y appliquer le genre féminin.

Dans le second cas (c'est-à-dire si vous ignorez la signification aussi bien que le genre du nom), vous vous en rapporterez à sa terminaison, parce que, ordinairement parlant, la *terminaison* d'un nom en indique le *genre*.

Je vous donnerai un exemple, parce que cela aide à la mémoire comme à l'intelligence. Supposons donc que ce nom qui vous est inconnu soit terminé en *isme* ou en *asme*, vous pouvez être sûrs qu'il est masculin ; mais s'il se termine en *ette*, pourvu que ce ne soit pas *squelette*, il est certain que c'est un nom féminin.

Pour discerner ainsi le **genre des noms** d'après

leur terminaison, nous avons deux règles générales, et des règles particulières, peu nombreuses et très simples, qui feront la matière de la deuxième partie de ce Traité.

Dans la troisième, vous verrez quelques données nouvelles sur la règle concernant le genre des noms d'hommes ou de femmes, de mâles ou de femelles.

Vous trouverez toujours à la suite de chaque règle :

1° Quelques mots d'exemples ;

2° Le relevé, aussi complet que possible, des exceptions sur lesquelles il sera utile de faire des exercices pour les mieux retenir, et vous fortifier dans la connaissance du genre et de l'orthographe usuelle des substantifs ;

3° Enfin des phrases-types qui vous serviront de modèles pour en composer plusieurs de même sorte.

PREMIÈRE PARTIE

Distinction du genre des noms, soit d'après leur signification, soit d'après la lettre finale.

CHAPITRE PREMIER

DISTINCTION DU GENRE DES NOMS D'APRÈS LEUR SIGNIFICATION

Noms de la Divinité. — Noms abstraits. — Noms de sciences, d'arts. — Adjectifs et mots invariables employés comme noms. — Noms composés. — Noms génériques. — Noms d'arbres, de métaux. — Homonymes.

1. Les noms abstraits en général, et encore un grand nombre d'autres noms, peuvent se classer dans un certain ordre d'idées, d'après lequel le genre en sera facilement reconnu, et se gravera sans efforts dans la mémoire. Nous allons les grouper comme par familles, dans les dix-huit premiers numéros, et on verra qu'ordinairement les noms de significations semblables sont tous du même genre, soit masculin, soit féminin. Quoique ce principe ne puisse être appliqué d'une manière absolue, il donne cependant lieu aux règles suivantes.

RÈGLES PARTICULIÈRES

1re *Section.*

NOMS DE LA DIVINITÉ

2. Les noms qui nous représentent l'idée de Dieu sont du genre masculin.

Adonaï.	*Excepté :*
Le Créateur.	La divine Providence.
Le Christ.	La sainte Trinité.
Dieu.	

L'Etre suprême.
Jéhovah.
Le Messie.
Le Père éternel.
Le Saint-Esprit.
Le Sauveur.
Le Seigneur.
Le Souverain Juge.
Le Tout-Puissant.
Le Verbe.

Et les autres appellations qui se trouvent dans les Livres Saints.

PHRASE-TYPE. Je crois en *Dieu*, le *Créateur* du ciel et de la terre.

2ᵉ Section.

NOMS ABSTRAITS

3. Les divisions du temps, en général, sont du genre masculin.

Exemples :

Un siècle.
Un lustre.
Un trimestre.
Un mois, etc.

Cependant plusieurs de ces noms ont été en quelque sorte féminisés à cause de leur terminaison.

Exemples :

Un an.	Une année.
Un jour.	Une journée.
Un matin.	Une matinée.
Un soir.	Une soirée.

Mais les divisions du mois et du jour sont du genre féminin.

Exemples :
Une quinzaine.
Une semaine.
Une après-midi.
Une heure.
Une minute.

PHRASES-TYPES. Le *siècle* de Louis XIV a été fécond en grands hommes de tout genre.

Mai est le plus beau des *mois* de l'*année* : c'est le mois des fleurs, des abeilles et des rossignols.

4. Les saisons sont du genre masculin.

Le printemps.
L'été.
L'automne.
L'hiver.

Automne s'emploie pourtant quelquefois au féminin, en poésie : La pâle automne.

PHRASE-TYPE. Un bel *automne* est un bel adieu de la nature.

5. Les noms 1° des *vertus*, 2° des *passions* de l'âme 3° des *qualités* et *propriétés* des corps, sont du genre féminin comme sont ces mots mêmes : La vertu, une passion, une qualité, une propriété (1).

Exemples :	*Exceptions :*
1° L'amabilité.	Le désintéressement.
La bonté.	Le dévouement.
La bravoure.	L'honneur.
La charité.	L'ordre.
La douceur.	Le support.
La force.	Le zèle.

(1) Ils sont formés des noms latins féminins à l'accusatif *virtutem, passionem, qualitatem, proprietatem.*

NOMS ABSTRAITS

Exemples :   *Exceptions :*

La franchise.
La générosité.
La justice.
La modestie.
La prudence.
La tempérance.
  etc., etc.

2° L'admiration.   L'amour.
L'ambition.   Le courage.
L'aversion.   Le courroux.
La colère.   Le désespoir.
La crainte.   Le désir.
L'émulation.   Le découragement.
L'espérance.   L'effroi.
La haine.   L'emportement.
La jalousie.   Le mépris.
La joie.   L'orgueil.
La tendresse.
La tristesse.
  etc., etc.

3° L'adresse.   L'éclat.
L'attraction.   Le poli.
La beauté.   Le vide.
La couleur.
La densité.
La forme.
La saveur.
La sonorité.
La transparence.
La vaporisation.
La vitesse (1).
  etc., etc.

---

(1) Voir le Fil Conducteur, pages 49 et suivantes.

Remarque. Le mot *amour* devient féminin au pluriel, si ce n'est quand on parle des figures mythologiques appelées *amours*, lesquelles conservent toujours le genre masculin.

Phrases-types. L'*amabilité* est la parure de la *vertu*.

L'*orgueil* est haï de Dieu et des hommes.

L'écureuil joint l'*adresse* et l'*agilité* à la *grâce* des *formes*.

6. Le mot *crime* (1) étant du genre masculin, les noms des crimes sont généralement de même genre.

Exemples :	Exceptions :
L'assassinat.	La diffamation.
Le blasphème.	La fraude.
Le duel.	La trahison.
Le faux témoignage,	
L'homicide.	
Le parjure.	
Le parricide.	
Le suicide.	
Le vol.	
etc., etc.	

Phrases-types. Caïn commit le premier *fratricide*.

Le *duel* est défendu par les lois divines et humaines.

7. Le mot *dogme* est masculin.

Il faut remarquer que nous prenons ici le mot *dogme* dans le sens de croyance, ainsi qu'en usait l'antiquité, et dans son acception la plus générale,

---

(1) Du latin *crimen*, nom neutre, devenu masculin en passant dans la langue française.

qui peut s'étendre depuis le dogme impie de l'athée jusqu'aux dogmes sacrés de l'Eglise catholique. Partout il affecte la même terminaison : *isme* avec le genre masculin.

Exemples :	*Pas d'exception.*
Le christianisme.	
Le catholicisme.	
L'islamisme.	
Le judaïsme.	
Le paganisme.	
Le protestantisme.	
etc., etc.	

PHRASE-TYPE. Une des causes qui expliquent l'établissement et la durée du *mahométisme*, c'est qu'il favorise le *sensualisme* naturel à l'homme; le *spiritualisme* chrétien suit une marche contraire en assujettissant les sens à la loi de l'esprit ; de là aussi la haine invétérée de *l'islamisme* contre le *christianisme*.

3ᵉ Section.

NOMS DE SCIENCES ET D'ARTS

8. Le mot *science* (1) est féminin, et les noms des sciences sont presque tous féminins.

Exemples :
L'algèbre.
La botanique.
La littérature.
Les mathématiques, etc.

___

(1) De *scientia, am* (acc.), féminin en latin.

NOMS DE SCIENCES ET D'ARTS.

Il y a cependant quelques embranchements des sciences qui sont du masculin.

Le blason qui appartient à la science héraldique.
Le calcul — à l'arithmétique.
Le droit — à la jurisprudence.
Le style — à la rhétorique.

PHRASE-TYPE. L'étude des *sciences* exactes, telles que l'*arithmétique*, la *géométrie*, la *physique*, donne de la rectitude au jugement.

9. Les branches des *beaux-arts* prennent encore le genre féminin, ainsi que certains arts manuels que leur importance a élevés presque au même niveau.

Exemples :
La musique.
La peinture.
L'imprimerie.
La serrurerie.
La vitrerie, etc.

Excepté le dessin qui appartient à l'architecture.
— la peinture.
— la sculpture.

PHRASES-TYPES. On voit dans la Genèse que l'art de la *musique* remonte au premier âge du monde.

La plus précieuse des découvertes est celle de l'*imprimerie*, inventée vers 1436, par Jean Gutemberg, de Mayence.

10. Les lettres de l'alphabet, les chiffres et les notes de musique sont du genre masculin.

Exemples :   *Pas d'exception.*
Un a.
Un b.

Un 2.
Un 3.
Un ré.
Un mi, etc.

PHRASE-TYPE. Grâce à l'ingénieuse invention des Arabes, trois chiffres suffisent pour écrire un nombre de plusieurs centaines, comme 378. Selon la manière des Romains, il faudrait y employer dix lettres : trois C, un L, deux X, un V et trois I.

11. En musique, les signes accidentels et les signes d'agrément sont du genre masculin.

Exemples :
Un dièze.
Un bécarre.
Un grupetto (pr. : groupetto)
Un trille, etc.

Exception :
Une cadence (qui s'emploie improprement pour trille).

Les noms des distances d'une note à l'autre sont tous du genre féminin.

Exemples :
Une tierce.
Une quinte.
Une octave.
Une quinzième, etc.

PHRASE-TYPE. Pour fortifier vos doigts, vous feriez bien de les exercer au *trille*, en plaçant le quatrième sur un *dièze* ou sur un *bémol* : pour assouplir vos poignets, insistez sur les *tremolo* et les successions de *tierces* et de *sixtes*, si l'*octave* est trop grande pour votre main.

4ᵉ Section

ADJECTIFS EMPLOYÉS SUBSTANTIVEMENT

12. Les adjectifs employés comme substantifs prennent le genre masculin.

Exemples :	*Pas d'exception.*
Le chaud.	
Le froid.	
Le beau.	
Le laid.	
Le solide.	
Le vide.	
L'utile	
L'agréable, etc.	

PHRASE-TYPE. Le *beau* est la splendeur du *vrai*. (Platon.)

13. De même pour les adjectifs désignant les couleurs, et employés substantivement.

Exemples :	*Pas d'exception.*
Le blanc.	
Le gris.	
Le rose.	
Le vert.	
etc., etc.	

Les peintres disent aussi :

| Le couleur de rose. | } c'est-à-dire le ton rose, le ton |
| Le couleur de feu. | } feu. |

PHRASE-TYPE. Le *noir* et le *gris-perle* s'allient fort agréablement avec le *ponceau* éclatant et le brillant *jaune d'or*, dans les ouvrages de fantaisie.

De même pour les adjectifs de nombre.

Exemples :
Un cent.
Un mille.

14. Les mots invariables employés comme substantifs prennent aussi le genre masculin.

Exemples :   *Pas d'exception.*
Le bien.
Le mal.
Un oui.
Un non.
Un si.
Un mais, etc.

PHRASE-TYPE. On dit que le *mieux* est l'ennemi du *bien*, dans ce sens, qu'à force de vouloir perfectionner, on arrive parfois à faire moins que bien.

5ᵉ *Section*

NOMS COMPOSÉS

15. Les noms composés sont du masculin (1).
1° Ceux dans lesquels entre le verbe ;

Exemples :
Un abat-jour.
Un casse-noisette.
Un chasse-mouche.
Un passe-rivière.
Un presse-papier.
Un porte-monnaie.
   etc., etc.

---

(1) Voir le Fil Conducteur, p. 68 et suivantes, la liste complète.

2° Ceux qui sont formés à l'aide de parties invariables;

Exemples :
Un à-peu-près.
Un pis-aller.
Un rez-de-chaussée.
Un va-et-vient.
Un tête-à-tête.
Un vis-à-vis.
etc., etc.

3° Ceux dans lesquels entre un substantif masculin et un subtantif féminin ;

Exemples :
Un abricot-pêche.
Un chou-fleur.
Un chou-rave.
Un bain-marie.
etc., etc.

Il y a cependant quelques exceptions peu nombreuses :

1° Quand les noms composés sont formés de deux substantifs féminins immédiatement suivis l'un de l'autre.

Une reine-claude.
Une reine-marguerite.

2° Ou d'un adjectif joint à un nom féminin ;

Une claire-voie.
Une plate-bande.

3° Ou d'un adjectif féminin joint à un autre mot par une préposition ;

Une belle-de-jour.
Une belle-de-nuit.

PHRASE-TYPE. Quel *crève-cœur* pour moi de voir briser en éclats ces beaux *cache-pots* de porcelaine, et de perdre mon plus grand *passe-partout!*

6ᵉ Section

NOMS GÉNÉRIQUES

16. Les noms génériques sont tous du **genre masculin.**

Exemples :	*Pas d'exception.*
Les animaux.	
Les coquillages.	
Les insectes.	
Les végétaux.	
Les minéraux.	
etc., etc.	

PHRASE-TYPE. La grenouille est un *amphibie*; et le cloporte, que plusieurs prennent pour un *insecte*, est un petit *crustacé*.

7ᵉ Section

NOMS D'ARBRES, DE MÉTAUX

17. Les noms d'arbres sont généralement du genre masculin, nonobstant la terminaison (1).

C'est ici le lieu de remarquer que le genre masculin est presque toujours donné, en français, aux choses inanimées qui éveillent dans l'esprit une idée de grandeur, de majesté, tels que le soleil, le tonnerre, l'océan, etc. C'est peut-être pour cette raison qu'on l'a donné aux arbres, comme rois de la végé-

---

(1) Voir le Fil Conducteur, pages 58 et suivantes.

tation, et aux métaux, dont l'importance est si grande parmi les productions du règne minéral.

Exemples :	*Exceptions:*
Un acacia.	La blanche aubépine.
Un bouleau.	L'yeuse toujours verte.
Un chêne.	
Un cyprès.	
Un hêtre.	
Un if.	
Un sycomore.	
Un thuya.	
etc., etc.	

PHRASE-TYPE. Quoi de plus charmant que ce bosquet d'*arbres* verts, de *sorbiers* empourprés et de légers *acacias*, faisant contraste avec les hauts *frênes* et les *saules* pleureurs qui bordent la prairie!

18. Les métaux et les métalloïdes sont tous du genre masculin, quelle qu'en soit l'orthographe :

Exemples :	*Pas d'exception.*
L'argent.	
L'arsenic.	
L'or.	
Le platine.	
Le soufre.	
etc., etc.	

PHRASE-TYPE. Les Mexicains appréciaient la dureté du *fer*, si commun parmi nous ; et ils échangeaint volontiers leurs haches d'*or* massif, contre les haches d'*acier* poli des matelots espagnols.

8ᵉ *Section*

HOMONYMES

19. — On appelle *homonymes* des noms qui sonnent de même, malgré la différence de sens, d'origine et d'orthographe.

Les homonymes se distinguent habituellement par la différence du genre, surtout quand l'orthographe en est semblable, comme pour

Un livre d'étude.	Une livre de cerises.
Un manche d'outil.	Une manche d'habit.
Un voile de religieuse.	Une voile de navire.
etc., etc.	etc., etc.

Les synonymes, au contraire, se rapprochent par la conformité du genre.

Un ou deux exemples éclairciront ces deux propositions :

1° Le mot *tour* est un *homonyme*; en changeant de signification, il change de genre, pour prendre celui des mots qui lui sont *synonymes :*

Un *tour*, dans ses différentes acceptions, donne l'idée d'un cercle, d'un circuit, d'un rang, d'un détour, ou encore d'un métier, ou autre instrument propre à tourner.

Mais, si je veux parler d'une construction de forme circulaire, je dis une tour, comme je dirais une colonne, parce qu'il y a rapprochement dans l'idée que je me fais de la forme d'une colonne et de celle d'une tour.

2° Le mot *vase* est encore un *homonyme*. La *vase* de l'étang est du féminin, ainsi que la *boue*, dont elle est synonym .

Mais, lorsque j'emploie le mot *vase* comme récipient, je dis : un vase de fleurs, comme je dis : un pot de fleurs.

Il s'ensuit que le sens d'un homonyme est quelquefois un indice pour en reconnaître le genre. Dans d'autres cas, l'orthographe aide à ce discernement, parce qu'elle varie selon le sens de l'homonyme.

Toutefois, ces remarques doivent être prises comme moyens mnémoniques ; nous ne prétendons pas en faire des règles absolues.

Afin d'aider la mémoire, nous avons, autant que possible, toujours donné l'explication de l'homonyme par un mot du même genre que cet homonyme.

LISTE DES HOMONYMES

Masculin.	*Féminin.*
Un aide, celui qui prête son concours.	Une aide, une assistance.
Un aigle, le roi des oiseaux.	Une aigle, terme d'armoirie.
	Les aigles romaines, enseignes guerrières.
L'air, un fluide.	L'aire, la superficie, toute surface plane.
L'air, l'aspect extérieur.	
Un air, un chant.	L'aire de la grange, la place où l'on bat le blé.
	L'aire, nom donné au nid des grands oiseaux de proie, sans doute à cause de leur forme aplatie. (Bouillet.)
Un bacchanal, un grand bruit.	Une bacchanale, une orgie.
Un barbe, un cheval de Barbarie.	Une barbe, une bride de dentelle.

Masculin.	Féminin.
	La barbe; du nom latin féminin *barba*.
Un barde; un chantre-poëte.	Une barde: une tranche de lard.
Un cap; un promontoire.	Une cape; une sorte de coiffe.
Un cartouche; un ornement de peinture ou de sculpture.	Une cartouche; la charge d'une arme à feu.
Un chêne; un arbre.	Une chaîne; une suite d'anneaux.
Le St-Chrême; le baume consacré.	La crème; la couche épaisse qui se forme sur le lait.
Un cilice; un scapulaire de crin.	La silice; une sorte de terre.
Un claque; un chapeau plat.	Une claque; une tape de la main.
	La claque; la réunion des claqueurs.
	Des claques; des doubles chaussures.
Un col; diminutif d'un collier.	De la colle; pâte à coller.
Un coq; un oiseau.	La coque; l'enveloppe arrondie d'un œuf, d'un fruit, d'un navire.
Du coke; du résidu de charbon de terre.	Une coque; une bouffette de ruban.
Le couleur de feu; le ton du feu.	La couleur; la nuance.
Un couple; de pigeons, de fripons, deux êtres qui ont alliance entre eux.	Une couple; pour signifier le nombre deux.
	Une couple; une chaîne pour attacher deux à deux.
Un crêpe; un léger tissu de laine ou de soie.	Une crêpe; une pâte frite.

Masculin.	Féminin.
La peine du dam ; le bannissement éternel.	Une dent ; une partie du système dentaire.
Un éclair ; un feu électrique.	Une éclaire ; une plante.
Un enseigne ; un officier de marine.	Une enseigne ; une image ou autre indication sur la porte d'un marchand.
L'espace ; le lieu qu'occupent les corps ; l'étendue.	Une espace ; place entre les mots ; terme d'imprimerie.
Le faîte ; le sommet.	Une fête ; une réjouissance ; une solennité.
Un fil ; petit brin de chanvre ou de lin tordu.	Une file ; une suite de voitures.
Un foudre ; un orateur dont l'éloquence frappe comme la foudre.	La foudre ; explosion électrique.
Un foudre ; un grand tonneau.	
Un fourbe ; celui qui trompe.	La fourbe ; l'action de tromper.
Le foie ; un organe vital.	La Foi ; une vertu théologale.
Un foret ; un outil pour percer.	Une forêt ; une grande étendue de bois.
Un garde ; un homme commis à la préservation.	La garde ; l'action de garder.
	La garde ; la troupe commise à la garde.
Un guide ; un homme pour conduire des hommes.	Une guide ; une courroie pour conduire les chevaux.
Le gaz ; un fluide.	La gaze ; une étoffe légère.
Un général ; un officier supérieur.	La générale ; appel du tambour pour la levée générale des citoyens.
Le greffe du tribunal ; le secrétariat.	La greffe ; une branche insérée sur un arbre.
Le hâle ; l'effet du soleil sur le teint.	La halle ; la place couverte où se tient le marché.

Masculin.	Féminin.
L'heur; un évènement heureux.	L'heure; la 24ᵉ partie du jour.
Un houx; un arbrisseau.	Une houe; une sorte de bêche.
Un hymne; un chant guerrier.	Une hymne; une prière.
Un interligne; un espace entre deux lignes.	Une interligne; en termes de typographie.
Un jars; le mâle de l'oie.	Une jarre; une jatte de terre.
Un kermès; un insecte. Du kermès; un minéral.	La Kermesse; une fête flamande.
Un lac; un réservoir naturel. Le lac de Chine; un vernis.	La laque; une gomme résineuse.
Un lai; ancien chant. Le lait; un aliment propre à l'enfance.	Une laie; la femelle du sanglier.
Un legs; un don testamentaire.	
Un lis; (fleur) un emblème de pureté.	Une lice; une chienne de chasse.
	Une lice; une arène pour les courses.
Un lit; un lieu de repos.	La lie; matières que dépose le vin.
Le lieu; l'endroit.	Une lieue; une mesure itinéraire.
Un livre imprimé; un recueil.	Une livre pesant, est une ancienne mesure.
Un look; un breuvage calmant.	Une loque; une guenille.
Un luth; un instrument de musique.	Une lutte; une bataille.
Un mai; arbre qu'on plante le 1ᵉʳ de mai pour faire honneur à quelqu'un.	Une maie: une huche où le boulanger prépare sa pâte.

Masculin.	Féminin.
Un mail ; un lieu de promenade.	Une maille ; une boucle de la chaîne d'un tissu.
Un maire ; un fonctionnaire public.	Une mère ; une femme qui a de la famille.
	La mer ; une étendue d'eau salée.
Un mal ; un défaut, ce qui est opposé au bien.	Une malle ; une caisse de voyage.
Un manche ; le bout qui sert à manier un outil.	Une manche ; la partie du vêtement qui couvre le bras.
Un manœuvre ; un ouvrier.	Une manœuvre ; une évolution.
Un marc ; un poids d'argent.	Une mare ; une petite étendue d'eau stagnante.
Un mari ; un époux.	Marie ; nom de femme.
Un mémoire ; un compte, des souvenirs écrits.	La mémoire ; une faculté de l'âme.
Un mi ; un degré de la gamme.	La mie ; la partie molle du pain.
Un mode ; (en grammaire) moyen d'exprimer l'affirmation, le doute.	La mode ; la façon d'agir, de s'habiller.
Un mode ; (en musique) le majeur ou le mineur.	
Le moral ; l'ensemble de nos facultés morales.	La morale ; la doctrine.
Un moufle ; un vase de terre à l'usage des chimistes.	Une moufle ; une machine à poulies.
Un moufle ; un outil à l'usage des menuisiers.	Des moufles ; une sorte de gants.
Un moule ; un modèle en creux.	Une moule ; une coquille bivalve.
Un mousse ; un enfant qui monte aux cordages.	La mousse ; une plante.
	La mousse ; une sorte d'écume.
Le moût ; le vin doux et nouveau, non fermenté.	La moue ; une expression de mauvaise humeur.

2

Masculin.	Féminin.
Du mou ; nom vulgaire du poumon de certains animaux.	
Un mur ; un assemblage de pierres superposées.	Une mûre ; la baie du mûrier.
Un O ; un caractère de l'alphabet.	L'eau ; substance liquide, composée d'hydrogène et d'oxigène.
Un os ; un fragment de squelette.	
Un œuvre ; un recueil de compositions.	Une œuvre ; une action.
Le grand œuvre ; un terme d'alchimie.	
Un office ; un mandat ; un devoir.	Une office ; une salle à préparer le service de la table.
Un onagre ; un âne sauvage.	Une onagre ; une plante.
Un onglet ; un terme de reliure.	L'onglée ; une douleur causée par le froid.
De l'orge mondé ou perlé ; un grain préparé.	De l'orge verte ; une céréale.
Un oubli ; un manque de souvenir.	Une oublie ; une pâtisserie légère.
Un oui ; un adverbe.	L'ouïe fine ; une audition délicate.
Un page ; un jeune homme attaché au service des princes.	La page d'un livre ; la moitié d'une feuille.
Un pair de France ; un duc et pair.	Une paire ; une couple.
Un père ; un homme ayant de la famille.	
Un paillasse ; un bateleur.	Une paillasse ; une toile remplie de paille.
Un pal ; un pieu aigu.	Une pale à couvrir le calice.
Un parallèle ; un rapprochement.	Une parallèle ; une ligne de géométrie.

Masculin.	Féminin.
Un parc ; un grand terrain clos.	Une parque, une divinité mythologique.
Un Pater ; un Notre Père.	Une patère ; une pomme à relever les rideaux.
Un pôle ; un axe du globe à son extrémité.	Une pole ; une sorte de poisson.
Un pot ; un vase.	La peau ; la membrane qui recouvre les chairs.
Un pendule ; un balancier.	Une pendule ; une petite horloge.
Le pêne ; le fer par lequel la serrure ferme.	Une peine ; une affliction.
Un période ; un degré.	Une période ; une époque.
Un pic ; le sommet aigu d'un rocher, d'une montagne.	Une pique ; une arme, une brouillerie.
Le pis ; le mamelon de la vache.	Une pie voleuse.
Un pli ; double fait à une étoffe.	Une plie ; une sorte de poisson.
Un poêle à chauffer ; un foyer.	Une poêle à frire.
Un poêle ; un voile pour la bénédiction nuptiale.	
Un poêle ; un drap mortuaire.	
Le poil ; le pelage d'un animal.	
Un poids pour peser ; du lat. *pondus*.	De la poix ; de la résine.
Un pois ; un légume.	
Du poiré ; du cidre de poires.	De la poirée ; une plante potagère.
Un polissoir : un instrument à polir.	Une polissoire ; une décrottoire douce.
Un poste ; un corps de garde.	La poste aux chevaux ; la place où l'on relaye.
Un poste ; un emploi ; un lieu où un soldat, un officier	La poste aux lettres ; une ad-

HOMONYMES.

Masculin.	*Féminin*.
est placé en temps de guerre.	ministration pour l'envoi des lettres.
Le pouce ; le 1ᵉʳ doigt de la main.	La pousse ; la croissance des plantes dans l'année.
Un pouce ; le douzième d'un pied (ancienne mesure).	
Le pourpre ; un ton rouge éclatant.	La pourpre ; la dignité royale, impériale, ecclésiastique.
Un pourpre ; un coquillage.	
Le pourpre ; un mal contagieux.	
Un régal ; un festin.	La régale ; ancienne contribution royale.
Du relâche ; du répit.	Une relâche ; une station d'un navire dans un port, une île.
Un remise ; un fiacre.	Une remise ; une concession, une diminution de dette ou de peine. La place où l'on remise les voitures.
Un renne ; un quadrupède.	Une reine ; l'épouse d'un roi.
	Les rênes ; longues courroies à guider les chevaux.
Les rêts ou réseaux ; un filet.	Une raie ; une ligne tracée ; un poisson.
Un rob ; du suc végétal.	Une robe traînante.
Un ru ; un ruisseau.	Une rue ; une voie, une plante.
Le sandal ; un bois des Indes.	Une sandale ; une chaussure.
Un satyre ; demi-dieu mythologique.	Une satire ; une censure littéraire.
Un scion ; un rejeton d'arbre.	La montagne de Sion.
Un si ; un degré de la gamme.	Une scie ; une lame de fer dentelée.
Un si ; un assentiment.	
Un sire ; un seigneur.	La cire ; substance produite par les abeilles.

HOMONYMES.

Masculin.	*Féminin.*
Un saule; un arbre.	Une sole; une espèce de poisson, une pièce de bois, une étendue de terre.
Le sol; le terrain.	
Un sol; un degré de la gamme.	
Un solde; un reste.	La solde; la paye des soldats.
Un sophi; un dignitaire de la Perse.	Sophie; nom de femme.
Le souris (poétique); un sourire.	Une souris; petit quadrupède rongeur.
Un statuaire; celui qui fait des statues.	La statuaire; l'art de faire des statues.
Un statut; un règlement.	Une statue; une image modelée.
Un têt; un débris de pot.	Une taie; une peau qui se forme sur l'œil.
Un tic; un ridicule.	Une tique; une petite bête parasite.
Un tour; un circuit, un rang, un instrument à tourner.	Une tour; une construction de forme circulaire.
Le vague; l'incertain.	La vague; l'ondulation des eaux.
Un vapeur, un bâtiment à vapeur.	La vapeur; l'eau vaporisée.
Un vase; un récipient.	La vase; la boue.
Un vice; un défaut invétéré.	Une vis; une pointe en spirale.
Un voile; un morceau d'étoffe pour couvrir la tête.	Une voile; une toile à voguer.
Un volatile; un oiseau.	Une volatille; une volaille.

20. Nous ajouterons une dernière remarque dont on peut faire en français une application fréquente, et qui donne la clef de plus d'un cas d'exception : c'est que de deux noms désignant des choses de même nature, celui qui

est pris dans une acception plus large, sera masculin, quelle qu'en soit la terminaison ; tandis que le genre féminin sera attribué au mot dont le sens est plus restreint.

Exemples.

Le soleil.	La lune.
Un océan.	Une mer.
Un fleuve.	Une rivière.
Un golfe.	Une baie.
Un mont.	Une montagne.
Un vaisseau.	Une frégate.
Un navire.	Une embarcation.
Un bateau.	Une barque.
Un arbre.	Une plante.
Un rocher, etc.	Une pierre, etc.

Cependant *ilot* est masculin, quoiqu'il soit le diminutif d'une île.

Quelquefois la mémoire peut s'appuyer sur deux noms faisant contraste.

Le ciel et la terre.
Le feu et l'eau.
Le jour et la nuit, etc.

QUESTIONNAIRE

I

1. Trouve-t-on dans la signification des noms, un indice du genre qui leur est propre ?
2. Quel genre doit-on donner aux différents noms attribués à Dieu ?

II

3. Quel genre donne-t-on aux grandes divisions du temps ? aux subdivisions du mois et du jour ?
4. Quel genre donne-t-on aux saisons ?
5. — — aux noms des vertus, des passions de l'âme, des qualités et propriétés des corps ?
6. — — aux noms des crimes ?

III

7. Quel genre donne-t-on aux dogmes ?
8. 9. — — aux sciences, aux beaux-arts ?
10. — — aux noms des distances musicales ?
11. — — aux signes usités en musique ?

IV

12. Quel genre donne-t-on aux adjectifs employés comme noms ?
13. — — aux noms des couleurs — aux adjectifs de nombre ?
14. — — aux noms invariables ?

V

15. Quel genre donne-t-on à la presque totalité des noms composés?

VI

16. Quel genre donne-t-on aux noms génériques?
17. — — aux noms d'arbres?
18. — — aux noms de métaux et de métalloïdes ?

VII

19. Qu'appelle-t-on *homonymes?*

Le sens d'un homonyme et son orthographe ne peuvent-ils pas servir à en discerner le genre, comme par exemple *lait* et *laie* ?

Donnez quelques exemples d'homonymes.
20. Lorsque deux noms désignent deux choses de même nature, ne donne-t-on pas souvent en français le genre masculin à celui dont l'acception est la plus large, et le genre féminin à l'autre, comme par exemple le *soleil,* la *lune* ?

CHAPITRE II

DISTINCTION DU GENRE DES NOMS D'APRÈS LA LETTRE FINALE

Animaux dont le nom est commun au mâle et à la femelle. — Quadrupèdes et cétacés. — Oiseaux. — Reptiles et Batraciens. — Poissons. — Crustacés. Mollusques. — Annélides. — Insectes. — Animaux dont les petits ont reçu des noms particuliers.

21. RÈGLE GÉNÉRALE. Pour les animaux dont le nom est commun au mâle et à la femelle, le genre est ordinairement indiqué par l'absence ou par la présence de l'e muet final ; c'est-à-dire que parmi ces noms, ceux qui se terminent pas une voyelle sonore ou par une consonne sont en général du genre masculin ; tandis que ceux dont la dernière voyelle est muette sont du genre féminin.

Les animaux dont le mâle et la femelle (et quelquefois les petits) ont reçu des noms particuliers, trouveront place au chap. II de la 3ᵉ Partie (nᵒ 414 et 415).

1ʳᵉ Section.

22   QUADRUPÈDES ET CÉTACÉS

Exemples du masculin, terminés par une voyelle sonore ou par une consonne.	Exceptions du masculin, terminées par un e muet.
Un agouti.	Un braque (chien de chasse).
Un blaireau.	Un dogue.

QUADRUPÈDES ET CÉTACÉS.

Un castor.
Un élan.
Un lama.
Un léopard.
Un lérot.
Un moufflon de Corse.
Un porc-épic.
Un putois.
Un rhinocéros (pron. oss).
Un sapajou.
Un tapir.
Un unau ou paresseux.
Un yach.
    etc., etc.

Un dromadaire.
Un hippopotame.
Un macaque.
Un morse.
Un onagre.
Un ornithorynque.
Un phoque.
Un renne.
Un sarigue.
Un vampire.
Un zèbre.

Exemples du féminin, terminés par un e muet.
Une antilope.
Une fouine.
Une gazelle.
Une girafe.
Une hyène.
Une marmotte.
    etc., etc.

Exceptions du féminin, terminées par un e muet.
Une chauve-souris.
Une souris.

PHRASES-TYPES. Parées des dépouilles des monstrueux *aurochs*, des *veaux-marins*, des *jaguars* tigrés et des *loups cerviers*, ces hordes barbares apparaissaient de loin comme des troupeaux de bêtes féroces.

L'*once*, plus petite que la *panthère*, est assez douce pour être apprivoisée; en Perse, on la dresse pour la chasse à la *gazelle*.

2ᵉ Section.

23

OISEAUX

Exemples du masculin, terminés par une voyelle sonore ou par une consonne.	Exceptions du masculin : terminées par un e muet.
Un bouvreuil.	Un aigle.
Un corbeau.	Un circaète. (Jean le blanc.)
Un épervier.	Un cygne.
Un geai.	Un gobe-mouche.
Un loriot.	Un grèbe.
Un manchot.	Un gypaète.
Un martinet.	Un harle.
Un milan.	Un hoche-queue.
Un ortolan.	Un oiseau-mouche.
Un pélican.	Un pyrargue.
Un pétrel.	Un râle.
Un pingoin.	Un rouge-gorge.
Un plongeon.	Un rouge-queue.
Un rossignol.	Un sterne.
Un sansonnet.	
etc., etc.	

Exemples du féminin, terminés par un e muet.	Exception unique du féminin, terminées par une consonne.
Une alouettee.	Une perdrix
Une fauvette.	
Une gélinotte.	
Une hirondelle.	
Une mésange.	
Une pintade.	
Une sarcelle, etc., etc.	

PHRASES-TYPES. Le *condor*, ou *grand vautour* des Andes, est l'oiseau dont le vol est le plus puissant ; ses ailes ont près de trois mètres d'envergure.

Bien que pourvue d'ailes, l'*autruche* est privée de la faculté de voler; mais elle est plus rapide à la course que le meilleur cheval.

3ᵉ Section.

24   REPTILES ET BATRACIENS

Exemples du masculin, terminés par une voyelle sonore ou par une consonne.	*Exceptions du masculin, terminées par un e muet.*
Un aspic.	Un crocodile.
Un boa.	Un crotale (serp. à sonnettes).
Un caméléon.	
Un crapaud.	
Un lézard.	
Un serpent, etc.	

Exemples du féminin, terminés par un e muet.	*Pas d'exceptions du féminin terminées par une consonne.*
Une grenouille.	
Une rainette.	
Une salamandre.	
Une tortue, etc.	

PHRASES-TYPES. Le *boa* est le plus grand et le plus fort de tous les *serpents*; heureusement qu'il n'a pas de crochets à venin, ce qui le rendrait beaucoup plus dangereux.

La grande *tortue* de mer dépose ses œufs dans le sable de la plage; ils sont recherchés comme aliment, ainsi que sa chair.

4ᵉ Section.

25   POISSONS, CRUSTACÉS, MOLLUSQUES, ANNÉLIDES

Exemples du masculin, terminés par une voyelle sonore ou par une consonne.	Exceptions du masculin, terminées par un e muet.
Un anchois.	Un congre (anguille de mer).
Un escargot.	Un gymnote électrique.
Un hareng.	
Un homard.	
Un maquereau.	
Un merlan.	
Un thon.	
Un turbot.	
Un ver de terre ou lombric, etc.	

Exemples du féminin, terminés par un e muet.	Pas d'exception du féminin.
Une alose.	
Une écrevisse.	
Une huître.	
Une langouste.	
Une limande.	
Une morue.	
Une plie.	
Une raie.	
Une sangsue.	
Une truite, etc.	

PHRASES-TYPES. Le *brochet*, commun dans nos rivières et dans les étangs, a été surnommé le *requin* des eaux douces, à cause de sa voracité.

Nous avons fait une bonne pêche : deux belles *lamproies*, une grosse *perche*, et une *anguille*, longue d'un mètre.

5ᵉ Section.

26   INSECTES

Exemples du masculin.	*Exceptions du masculin.*
Un bourdon.	Un attelabe.
Un ciron.	Un bupreste.
Un cousin.	Un capricorne.
Un frêlon.	Un carabe.
Un grillon.	Un fulgore (porte-lanterne).
Un hanneton.	Un lampyre (ver luisant).
Un papillon.	Un lucane (cerf-volant).
Un puceron.	Un moustique.
Un ricin.	Un termite (fourmi blanche).
Un taon (pron. tan).	
etc., etc.	

Exemples du féminin terminés par un e muet.	*Exception unique du féminin, terminée par une voyelle sonore.*
Une abeille.	Une fourmi.
Une araignée.	
Une coccinelle (bête à Dieu).	
Une guêpe.	
Une phalène.	
Une mouche.	
Une sauterelle.	
etc., etc.	

PHRASE-TYPE. N'est-ce pas chose admirable que l'*abeille* laborieuse et l'industrieux *ver à soie*, les seuls insectes utiles à l'homme, sont aussi les seuls qui puissent s'élever en domesticité ?

ANIMAUX.

6ᵉ Section.

ANIMAUX DONT LE NOM EST COMMUN AU MALE ET A LA FEMELLE ET DONT LES PETITS ONT REÇU DES NOMS PARTICULIERS.

Les noms des petits sont tous du genre masculin.

27 QUADRUPÈDES ET CÉTACÉS

Masculin	Féminin.	Noms des petits.
	Une souris.	Un souriceau.
	Une baleine.	Un baleineau.

PHRASES-TYPES. Un *souriceau* tout jeune et qui n'avait rien vu, Fut presque pris au dépourvu. (Lafontaine).

La *baleine* élève avec beaucoup de tendresse son *baleineau*, et le garde longtemps près d'elle avant de s'en séparer.

28 OISEAUX

	Une caille.	Un cailleteau.
Un faucon.		Un fauconneau.
Un héron.		Un héronneau.
Un oiseau.		Un oisillon.
	Une outarde.	Un outardeau.
Un pigeon ou	Une colombe.	Un pigeonneau.
	Une tourterelle.	Un tourtereau.
Exc. du masculin.	*Exc. du féminin.*	
Un aigle.		Un aiglon.
	Une perdrix.	Un perdreau.

PHRASE-TYPE. L'*aigle* défend ses *aiglons* avec une intrépidité souvent dangereuse pour l'agresseur.

29 REPTILES

	Une couleuvre.	Un couleuvreau.
Un serpent.		Un serpenteau.
	Une vipère.	Un vipereau.

PHRASE-TYPE. Notre jardinier a tué une grosse *vipère*, et ses quatre petits *vipereaux*.

30 POISSONS

Masculin	*Féminin*	Noms des petits.
Un barbeau.		Un barbillon.
Un brochet.		Un brocheton.
	Une carpe.	Un carpeau.
		Un carpillon.
Un saumon.		Un saumoneau.
Un turbot.		Un turbotin.

PHRASE-TYPE. Ah ! Ah ! criaient les *carpillons*,
Qu'en dis-tu, *carpe* radoteuse ?
Crains-tu pour nous les hameçons ?
Nous voilà citoyens de la mer orageuse !
(Florian).

QUESTIONNAIRE

21. Comment distingue-t-on le genre des noms d'animaux qui sont communs au mâle et à la femelle ?
Y a-t-il beaucoup d'exceptions du masculin ?
22. 23. Citez-en quelques-unes des quadrupèdes et des oiseaux ?
id. id. Quelles sont les exceptions du féminin pour les quadrupèdes ? — pour les oiseaux ?
24. 26. Citez quelques exceptions du masculin pour les reptiles et les insectes ?
25. Y a-t-il des exceptions dans les noms de poissons ?
26. Quelle est l'exception du féminin pour les insectes ?
28. Quels sont les quadrupèdes, les cétacés et les oiseaux dont le nom d'espèce, masculin ou féminin, est commun au mâle et à la femelle, et dont les petits ont reçu des noms particuliers ?
27. Quel est le genre des noms des petits ?
29. 30. Citez les reptiles, — les poissons.

CHAPITRE III

DISTINCTION DU GENRE DES NOMS D'APRÈS LA LETTRE FINALE

Végétaux. — Pierres précieuses et autres pierres employées dans l'ornementation. — Constructions diverses, bâtiments de terre et de mer, et dépendances. — Ameublement; ustensiles de ménage; fournitures de bureau; instruments de travail et de musique; armes. — Objets de toilette; vêtements. — Comestibles; mets de la table. — Noms géographiques.

31. RÈGLE GÉNÉRALE. — Pour les choses sensibles (1) et les êtres inanimés (2), la règle est la même que pour les animaux dont le nom d'espèce est commun au mâle et à la femelle; c'est-à-dire que leur genre est ordinairement indiqué par l'absence ou par la présence de l'e muet final.

Exceptions. — Il faut excepter cependant les noms d'arbres, de métaux, de couleurs, qui ont trouvé place dans le chapitre des règles particulières, (N°ˢ 13, 16, 17.)

Nous classons ici, en diverses catégories, les noms soumis à la règle générale, et pour chacune d'elles, nous joignons aux exemples du masculin et du féminin, le relevé des exceptions.

---

1. Ce qui tombe sous nos sens, comme un lit, une table, le vent, le son, la lumière.
2. Les végétaux, les minéraux.

VÉGÉTAUX.

1re Section

32.

VÉGÉTAUX

ARBRISSEAUX, ARBUSTES, FLEURS.

Exemples du masculin, terminés par une voyelle sonore ou par une consonne.	*Exceptions du masculin, terminées par un e muet.*
Un camellia ou camélia (1).	Un acanthe.
Un dahlia.	Un agapanthe.
Un églantier.	Un alysse ou corbeille-d'or.
Un fuchsia (2).	Un asphodèle.
Un géranium.	Un butome ou jonc fleuri.
Un glaïeul.	Un ciste.
Un hortensia.	Un ellébore ou hellébore.
Un iris.	Un hélianthe.
Un jasmin.	Un héliotrope.
Du lilas.	Un laurier-rose ou nérion.
Un lis.	Un myrte.
Du muguet.	Un narcisse.
Un œillet.	Un pied-d'alouette.
Un phlox.	Un silène.
Un rhododendron.	Du statice ou gazon d'Olympe.
Du taraspic ou thlaspi.	Un xéranthème ou immortelle.
Du thym.	
etc., etc.	
Exemples du féminin, terminés par un e muet.	*Exceptions du féminin.*
Une anémone.	Une belle-de-jour.
Une balsamine.	Une belle-de-nuit ou nyctage.
Une bruyère.	Une calystegia.

1. Du nom du P. Camelli, qui le rapporta du Japon.
2. Du nom du savant Fuchs, à qui le P. Plumier dédia cette plante qu'il avait découverte dans les Cordillières.

VÉGÉTAUX.   43

Une capucine.	Une corbeille-d'argent ou ibéride.
Une giroflée.	Une corbeille-d'or ou alysse.
Une hémérocalle.	Une crête-de-coq ou amaranthe.
Une jonquille.	Une croix-de-Jérusalem ou lychnide de Chalcédoine.
Une pivoine.	Une gueule-de-lion, gueule-de-loup ou muflier.
Une primevère.	Une oreille-d'ours.
Une rose.	Une queue-de-renard ou amaranthe.
Une ronce double.	Une verge-d'or.
Une scabieuse.	Une zinnia.
Une tulipe.	
Une verveine.	
etc., etc.	

PHRASE-TYPE. La *rose* nous charme par l'éclat de son coloris ; le *lis*, par sa blancheur virginale ; la *violette* et le *réséda*, plus modestes, par leur incomparable parfum.

33.   FRUITS

Exemples du masculin.	*Exceptions du masculin.*
Un abricot.	Un caroube (fruit du caroubier).
Un ananas.	Un concombre.
Un cédrat.	Du jujube.
Un citron.	Un pavie.
Un coing.	
Un limon.	
Un melon.	
Du raisin.	
etc., etc.	

VÉGÉTAUX.

Exemples du féminin.	*Exception du féminin.*
Une amande.	Une noix.
Une cerise.	
Une grenade.	
Une framboise.	
Une orange.	
Une pastèque.	
Une pêche.	
Une poire, etc., etc.	

PHRASE-TYPE. La *cerise* ouvre la saison des *fruits* acidulés, que la Providence multiplie à l'époque des chaleurs ; bientôt lui succèdent la *fraise* parfumée, la *groseille* appétissante, l'*abricot* doré, la *pêche* succulente, le *melon* rafraîchissant ; viennent ensuite la *poire*, la *pomme* et le *raisin*, tributs féconds de l'automne.

34. CÉRÉALES — PLANTES POTAGÈRES, MÉDICINALES, FOURRAGÈRES, OLÉAGINEUSES, TINCTORIALES, TEXTILES

Exemples du masculin.	*Exception du masculin.*
Un artichaut.	Le brome des prés (pl. fourragère).
Du blé.	Le capillaire.
Un cardon.	Le cardère (chardon à foulon).
Du colza.	Le carthame des teinturiers.
De l'estragon.	Un cèpe ou bolet comestible.
De l'indigo.	Le chanvre.
Du lin.	Le crambe ou chou marin.
Un navet.	Le dactyle (pl. fourragère).
Un oignon.	De l'épeautre (blé).
Un pois.	Du girofle.
Un radis.	Le glécome, lierre terrestre. } Plantes pectorales.
Du raifort.	Le gnaphale, pied-de-chat.

VÉGÉTAUX.

Du ricin.
Du riz.
Le sainfoin.
Le salsifis.
Le sarrasin ou blé noir.

Le sorgho.
Le tabac ou nicotiane.
Le tapioca.
Le thé.
Le topinambour.
    etc., etc.

Du marrube.
Un myrtille (airelle).
Le poivre.
Le pyrètre.
Le scolopendre, langue de serpent.
Le seigle.
Le sésame.
Le stramoine (datura).
Le trèfle.
Le tussilage ou pas-d'âne.

Exemples du féminin.
Une asperge.
Une aubergine.
Une fève.
De la garance.
Une laitue.
De l'oseille.
De l'orge.
Une raiponce.
De la réglisse.
De la sariette.
La vanille.
    etc., etc.

Pas d'exception du féminin.

PHRASES-TYPES. Le *blé* ou *froment* est la base de l'alimentation des populations Européennes ; dans les terrains ingrats, l'*orge*, l'*avoine*, le *sarrasin* sont une ressource pour les pauvres ; le *riz* est la nourriture ordinaire des Chinois et d'autres peuples de l'Asie.

Nous sommes allés chercher le *chou-fleur* en Orient, la *pomme de terre* en Amérique.

3.

2ᵉ Section

(Même règle nº 31.)

35. PIERRES PRÉCIEUSES ET AUTRES PIERRES EMPLOYÉES DANS L'ORNEMENTATION

Exemples du masculin.	*Exceptions du masculin.*
Un diamant.	L'albâtre.
Du granit.	Le basalte.
Un grenat.	Le jaspe.
Le lapis-lazuli.	Le marbre.
Un onyx.	Le porphyre.
Un rubis.	Le spinelle.
Un saphir.	

Exemples du féminin.	*Pas d'exception du féminin.*
Une améthyste.	
Une émeraude.	
Une hyacinthe.	
Une opale.	
Une sardoine.	
Une topaze.	

PHRASES-TYPES. Le *diamant*, si éclatant et si cher, ce roi des *pierres précieuses*, n'est que du carbone à son plus grand état de pureté ; la belle *émeraude* verte du Pérou, un beau *rubis*, couleur de feu, un gros *saphir* d'un bleu limpide, sont aussi d'un prix très élevé.

Le *lapis-lazuli* n'est pas très abondant dans la nature ; on en trouve surtout en Perse et aux environs du lac Baïkal en Sibérie.

3ᵉ Section
(Même règle n° 31.)

36. CONSTRUCTIONS DIVERSES, BATIMENTS DE TERRE ET DE MER, ET DÉPENDANCES

Sur plus de 250 termes employés pour les constructions diverses, tant de terre que de mer et dépendances, on en trouvera environ une trentaine du masculin, terminés par un e muet; tous les autres sont soumis à la règle générale ; quant aux noms du féminin terminés par une consonne, ils sont toujours très rares.

Exemples du masculin.	*Exceptions du masculin.*
Un abreuvoir.	Un belvédère.
Un aqueduc.	Un calorifère.
Un corridor.	Un campanile.
Un couvent.	Un chambranle.
Un donjon.	Un chasse-marée.
Un dortoir.	Un cimetière.
Un enclos.	Un cloître.
Un grenier.	Un côtre.
Un hôtel.	Un dôme.
Un moulin.	Un étage.
Un palais.	Un gymnase.
Un parc.	Un kiosque.
Un pré.	Un laboratoire.
Un puits.	Un labyrinthe.
Un rempart.	Un lougre.
Un réservoir.	Un manège.
Un rocher.	Un mausolée.
Un salon.	Un monastère.
Un séchoir.	Un ministère.
Un soupirail.	Un musée.

Un souterrain.
Le tender.
Le tillac.
Un toit.
Un tombeau.
Un tour.
Un transept.
Un trois-mâts.
Un tunnel.
Un tuyau.
Un vaisseau.
Un vantail.
Un vapeur.
Un verger.
Un verrou.
Un viaduc.
Un volet.
    etc., etc.

Un navire.
Un obélisque.
Un observatoire.
Un paratonnerre.
Un parterre.
Un pilastre.
Un polygone.
Un porche.
Un portique.
Un presbytère.
Un quinconce.
Un rez-de-chaussée.
Un rétable.
Un télégraphe.
Un temple.
Un théâtre.
Un vestibule.

Exemples du féminin.
Une arcade.
Une buanderie.
Une cathédrale.
Une cave.
Une chambre.
Une chaumière.
Une closerie.
Une écluse.
Une fontaine.
Une frégate.
Une galerie.
Une hôtellerie.
Une machine.
Une pelouse.
Une pompe.
Une prairie.

Exceptions du féminin.
Une cour.
Une forêt.
Une nef.
Une tour.

Une salle.
Une serre.
Une toiture.
Une usine.
    etc., etc.

PHRASE-TYPE. Avez-vous vu Marseille, ses nombreux *monuments*, ses *rues* commerçantes, ses belles *places*, son *Cours* célèbre, sa *Cathédrale*, son *Observatoire*, si bien situé, son *Lazaret*, le plus beau de l'Europe, et surtout son vaste *port* et sa *rade* pouvant contenir 1200 *navires* qui présentent comme une *forêt* de *mâts* ?

4ᵉ Section
(Même règle n° 31.)

37. AMEUBLEMENT, USTENSILES DE MÉNAGE, FOURNITURES DE BUREAU, INSTRUMENTS DE TRAVAIL ET DE MUSIQUE; ARMES.

Exemples du masculin.	*Exceptions du masculin.*
Un bâton.	Un baromètre.
Un bouclier.	Un buste.
Un bureau.	Un cadre.
Un dé.	Un candélabre.
Un encrier.	Un casque.
Un fauteuil.	Un coffre.
Un fusil.	Un crible.
Un gril.	Un foudre.
Un hautbois.	Un lustre.
Un marteau.	Un moule.
Un matelas.	Un nécessaire.
Un miroir.	Un parapluie.
Un panier.	Un poêle.
Un piano.	Un sabre.

AMEUBLEMENT.

Un rabot.
Un rateau.
Un rideau.
Un saladier.
Un sucrier.
Un tableau.
Un tapis.
Un tranchoir.
Un van.
Un volet.
    etc., etc.

Un secrétaire.
Un siège.
Un store.
Un thermomètre.
Un timbre.
Un tourne-broche.
Un vase.
Un verre.

Exemples du féminin.
Une aiguille.

Une armoire.
Une baïonnette.
Une canne.
Une chaîne.
Une corbeille.
Une cuirasse.
Une écritoire.
Une épée.
Une flûte.
Une grille.
Une harpe.
Une herse.
Une montre.
Une navette.
Une patère.
Une persienne.
Une râpe.
Une règle.
Une salière.
Une scie.
Une soucoupe.

Exceptions du féminin.
Une carcel (du nom de l'inventeur).
Une clef (pr. : clé).
Une vis (pr. : viss).

Une table.
Des tenailles.
Une truelle.
etc., etc.

PHRASE-TYPE. Dans le *salon* de ma **grand'tante**, les *meubles* sont anciens, mais fort beaux : des *fauteuils* verts, en *acajou* sculpté ; des *chaises* rembourrées ; un grand *tapis* d'Aubusson, très bien conservé ; sur la cheminée, une belle *pendule* antique, ornée d'*émaux* variés ; une grande et superbe *glace* de Venise, richement encadrée de *dorures* encore très-brillantes.

5ᵉ *Section*

(Même règle nº 31.)

38.   OBJETS DE TOILETTE, VÊTEMENTS

Exemples du masculin.	*Exceptions du masculin.*
Un anneau.	Un cachemire.
Un collier.	Un châle.
Un foulard.	Un corsage.
Un gant.	Un crêpe.
Un gilet.	Un costume.
Un habit.	Un peigne.
Un jupon.	Du tulle.
Un manteau.	Un voile.
Un peignoir.	
Un tablier.	
Un turban.	
Un vêtement.	
etc., etc.	
Exemples du féminin.	*Pas d'exception du féminin.*
Une bague.	
Une collerette.	

Une ceinture.
Une couronne.
Une écharpe.
Une jupe.
Une mantille.
De la mousseline.
Une robe.
Une savonnière.
Une torsade.
Une veste.
etc., etc.

PHRASES-TYPES. Si je vous décris l'élégante *toilette* de la *poupée* que j'ai rapportée de mon voyage, vous pourrez bien croire qu'en recevant un pareil *bijou*, ma petite filleule sera l'enfant la plus heureuse du monde. Ma poupée est Bressane. Elle a une belle *robe* de *soie* brune; la *jupe*, bouffante et relevée, laisse voir un *jupon* d'*étoffe* de *laine* à *rayures* blanches et gros bleu; le *tablier* rond est en *popeline* verte, avec une *bavette* carrée. Elle a une *collerette* plissée. Ses *manches* plates et mi-courtes, sont garnies de *jaconas* léger ou de *mousseline* épaisse. Le petit *chapeau* rond est orné tout autour de longues *barbes de dentelles* noires. Les *souliers* sont découverts, et le *bas* fins et à jours.

Que d'envieuses fera ma poupée !

6ᵉ Section
(Même règle nº 31).

39 COMESTIBLES; METS DE LA TABLE.

Exemples du masculin.
Un abatis de volaille.
Un baba.

Exceptions du masculin.
Du beurre.
Du cidre.

COMESTIBLES, METS DE TABLE. 53

Un blanc-manger.
Du café.
Du curaçao.
Un échaudé.
Un fricandeau.
Un gâteau.
Un gigot.
Un massepain.
Un nougat.
Du pain.
Un ragoût.
Un ris de veau.
Un salmis.
Un vol-au-vent.
    etc., etc.

Un fromage.
Du foie de veau.
Du gras-double.
Un hors-d'œuvre.
Du poivre.
Un potage.
Le sot-l'y-laisse.
Du sucre.
Du vermicelle.
Du vinaigre.
Un zeste de citron.

Exemples du féminin.
De l'anisette.
Une bavaroise.
Une brioche.
Une daube.
Une galette.
Une gibelotte.
Une meringue.
Une pâtisserie.
Une quenelle.
Une tarte.
    etc., etc.

Exceptions du féminin.
Une chipolata.
De la liqueur.
Une olla podrida.
Une perdrix aux choux.

PHRASE-TYPE. Il y a des peuples qui ont, pour ainsi dire, leur *plat* national : l'Angleterre est connue pour le *plum pudding* et le *beefsteack*; l'Italie, pour son *macaroni*; l'Espagne, pour sa fameuse *olla podrida*; la Russie nous montre avec orgueil sa *charlotte*; j'affirmerais volontiers que la *fricassée de poulet* est un *mets* à la française. (Imité de Scribe).

7ᵉ Section

40   NOMS GÉOGRAPHIQUES

L'orthographe sert ordinairement à discerner le genre donné aux noms propres de contrées, de provinces, de montagnes, en prenant toujours l'e muet final comme signe du genre féminin.

Nous n'entreprendrons pas ici de relever toutes les exceptions ; cette étude se fait en même temps que celle de la géographie ; nous citons cependant quelques-unes de celles dont l'usage est le plus fréquent.

Exemples du masculin.	*Exceptions du masculin.*
Les Apennins.	Le Bengale.
Le Bourbonnais.	Le Calvaire.
Le Danemark.	Le Camboge.
Le Milanais.	Le Caucase.
Le Pérou.	Le Hanovre.
Le Poitou.	Le Havre.
Le Sénégal.	Le Maine.
etc., etc.	Le Mexique.
	Le Mozambique.
	Le Parnasse.
	Le Péloponèse.
	Le Vésuve, etc.

Exemples du féminin.	*Exceptions du féminin.*
Les Alpes.	La Maladetta (montagne des
La Bourgogne.	Pyrénées).
La Dalmatie.	Sion, etc.
La Sénégambie.	
etc., etc.	

PHRASES-TYPES. L'*Espagne* et le *Portugal*, bien que

réunis dans la même *péninsule*, présentent deux peuples très-différents d'origine, de langue et de caractère.

Dans la grande chaîne des *Andes*, le *Chimboraço*, haut de 6,550 mètres, offre le remarquable contraste d'une montagne couronnée à son sommet de neiges éternelles, et revêtue à sa base de la plus riche végétation équatoriale.

La même règle peut encore s'appliquer aux noms propres de fleuves, de rivières et quelquefois à ceux des villes.

Exemples du masculin.	*Exceptions du masculin.*
L'Arno.	L'Amazone.
Le Cher.	Le Danube.
Le Guadalquivir.	L'Ebre.
Le Loir.	L'Euphrate.
Le Nil.	Le Gange.
Le Rhin.	Le Mackensie.
Le Volga.	L'Orénoque.
etc., etc.	Le Pactole.
	Le Rhône.
	Le Tage.
	Le Tibre.
	Le Tigre, etc.

Exemples du féminin.	*Exceptions du féminin.*
La Bièvre.	La Bérézina.
La Garonne.	La Bidassoa.
La Loire.	La Duna.
La Saône.	La Guadiana.
La Seine.	La Dwina.
etc., etc.	La Luléa.
	La Néwa.
	La Tornéa, etc.

PHRASE-TYPE. La *Tamise* et l'*Escaut* n'ont pas un long parcours; mais ces deux fleuves ont une importance considérable pour la navigation : l'un à cause de *Londres*, et l'autre à cause d'*Anvers*.

QUESTIONNAIRE

I.

31. Quelle est la règle générale pour discerner le genre des choses sensibles et des êtres inanimés?
32. Qu'est-ce qui sert à faire la distinction du genre pour les noms d'arbrisseaux? — d'arbustes? — de fleurs?
33. Pour les fruits?
34. Pour les céréales? — Les plantes potagères, etc.? Y a-t-il des exceptions?

II.

35. Qu'est-ce qui sert à discerner le genre des noms des pierres précieuses? des pierres d'ornementation? Quelles sont les exceptions?

III.

36. Qu'est-ce qui sert à discerner le genre des termes employés dans les constructions de terre et de mer? Quelles sont les principales exceptions du masculin? — Les quatre du féminin?

IV.

37. Qu'est-ce qui sert à faire la distinction du genre pour les objets d'ameublement? Pour les ustensiles de ménage?

our les fournitures de bureau ?
Pour les instruments de travail ? — de musique ?
Pour les armes ?
Quelles sont les exceptions

V.

38. Qu'est-ce qui sert à faire la distinction du genre pour les objets de toilette ? — les vêtements ?
Quelles sont les exceptions du masculin ?
Y a-t-il des exceptions du féminin ?

VI.

39. Qu'est-ce qui sert à discerner le genre des noms employés pour les comestibles ?
Pour les mets de la table ?
Quelles sont les exceptions du masculin ?
Quelles sont les exceptions du féminin ?

VII.

40. Qu'est-ce qui sert à discerner le genre donné aux noms propres de contrées ? de provinces ? — de montagnes ? de fleuves ? — de rivières ? — et quelquefois de villes ?
Quelles sont les principales exceptions du masculin ? — id. du féminin ?

DEUXIÈME PARTIE

Terminaisons masculines régulières.
Terminaisons masculines exceptionnelles.

Terminaisons féminines régulières.
Terminaisons féminines exceptionnelles.

Terminaisons communes aux deux genres.

DEUXIÈME PARTIE

—

Aux jeunes élèves latinistes

*I. — Vous ne devez pas ignorer, mes jeunes amis, que le français a été formé du latin, et ceux d'entre vous qui étudient le latin, ont été frappés tout d'abord de la ressemblance qui existe entre *rosa* et *rose*, entre *templum* et *temple*, etc.

Ceux dont le plan d'études ne comporte pas la langue latine, ont fait la même remarque, rien qu'en lisant dans le psautier ou dans un livre d'offices. Quelques notions sur ce sujet ne seront pas inutiles pour faciliter à plusieurs d'entre vous la connaissance du genre d'un grand nombre de substantifs français, et même leur orthographe absolue, d'après leur étymologie.

*II. — La langue française, à ses origines, n'avait gardé des six cas latins que le nominatif (sujet) et l'accusatif (régime direct.) Le nominatif cessa bientôt d'être en usage; il ne resta que l'accusatif, duquel se sont formés nos substantifs français.

Ainsi, par exemple, des accusatifs *murum, pontem, torrentem, rosam, fortunam, multitudinem*, etc. se sont formés les substantifs *mur, pont, torrent, rose, fortune, multitude*, etc.

*III. — Comment cette formation s'est-elle opérée ?

Pour le comprendre, il faut d'abord savoir, mes enfants, ce que c'est que l'accent. Il n'est pas question ici de l'accent grammatical, c'est-à-dire de l'accent aigu, grave ou circonflexe; mais d'une modulation de la voix humaine qui s'élève ou qui s'abaisse sur certaines syllabes, et leur donne plus ou moins d'intensité, d'où résulte dans la parole une sorte d'harmonie qui en est, non pas un simple ornement, mais un élément essentiel (1).

« Un mot, même isolé, ne doit pas être considéré comme une suite de sons ajoutés les uns aux autres. C'est un tout, un ensemble qui a ses parties distinctes, un commencement et une fin, une élévation et un abaissement (2). » Si la prononciation est fautive, le mot est comme défiguré et l'oreille en est choquée. Or, dans un mot quelconque de plusieurs syllabes, il y en a toujours une sur laquelle on appuie plus fortement que sur les autres, et l'élévation de la voix sur cette syllabe se nomme l'*accent tonique* ou simplement l'*accent*.

L'accent tonique donne au mot sa physionomie propre et son caractère particulier; aussi l'a-t-on justement nommé « l'âme du mot (3). »

L'accent existe dans toutes les langues, anciennes et modernes. La langue française passe pour ne pas faire sentir l'accent; il est néanmoins vrai de dire qu'il s'y retrouve dans la dernière syllabe des mots à terminaison masculine, comme ber*cail*, so*leil*, cou*leur*, ave*nir*, etc., et dans l'avant-dernière syllabe des

---

1. De : *accentus*; chant, intonation.
2. Dictionnaire national de Bescherelle.
3. Grammaire historique de la langue française, par A. Brachet.

mots à terminaison féminine, en réalité la dernière syllabe sonore, comme i*mage*, sa*gesse*, jus*tice*, con*corde*, abon*dance*, etc.

L'oreille discerne facilement dans ces mots la syllabe sur laquelle on appuie.

En latin, l'accent n'occupe jamais que deux places : il est tantôt sur la pénultième, c'est-à-dire, l'avant-dernière syllabe : tor*rén*tem ; tantôt sur l'antépénultième, celle qui précède l'avant-dernière, c'est-à-dire la troisième syllabe à compter par la fin du mot : pro*vín*ciam. Il s'ensuit que dans les mots de deux syllabes, *lá*cum, *món*tem, *lú*nam, *tér*ram, l'accent est toujours sur la première, sauf un très petit nombre de mots.

Or, mes enfants, de ces principes de l'accentuation latine, dépend la formation du plus grand nombre de nos mots français.

Pour ne parler que du Nom (*nomen*) qui est l'objet de notre étude actuelle, la syllabe accentuée dans le nom latin persiste toujours dans le nom français qui en est dérivé : c'est une règle invariable ; (1) l'élévation de la voix sur la syllabe latine accentuée et son abaissement sur celle qui suit, amènent l'atténuation de cette dernière : leo*pár*dum, peli*cá*num, se*ná*tum, tor*rén*tem font léo*pard*, péli*can*, sé*nat*, tor*rent*, en laissant tomber les finales *um, em*, et en retenant les consonnes *d, n, t,* (terminaison masculine) ; pan*thé*ram, co*lúm*bam, pro*vín*ciam, *fá*ciem, font pan*thère*, co-

---

1. Dans les mots venus du latin populaire, duquel la langue française s'est formée ; les mots savants ont été créés plus tard, et ne suivent pas les mêmes règles de formation. (Voir la grammaire historique de la langue française, par A. Brachet.)

*lo*mbe, prov*i*nce, *f*ace, en changeant les finales *am*, *iam*, ou *iem* en *e* muet (terminaison féminine). Dans les deux derniers exemples, où l'accent est sur l'antépénultième, la pénultième *i* est faible, et tombe en même temps que la finale. Quant aux noms de deux syllabes, le nom français qui en dérive est tantôt réduit à une seule, la syllabe accentuée : lac, mont, port, arc, son, etc., de lácum, móntem, pórtum, árcum, sonum, etc. ; tantôt à deux, dont la première est accentuée, et la dernière muette : astre, *t*emple, *l*une, *t*erre, *p*orte, etc., de astrum, *t*emplum, *l*unam, *t*erram, *p*ortam, etc.

IV. Nous sommes sûr qu'il en est parmi vous qui ont deja fait la réflexion que les mots : léopard, pélican, sénat, torrent, lac, mont, port, etc., et les mots : panthère, colombe, province, face, lune, terre, etc., sont du même genre en latin et en français. En effet, mes amis, la plupart des noms français dérivés du latin ont conservé le genre qu'ils avaient dans cette langue mère (1).

Ceci s'entend pour le genre masculin et le genre féminin ; quant aux noms latins du genre neutre, ils ont pris généralement le genre masculin en passant dans la langue française, où le genre neutre n'existe pas. Ainsi, par exemple, outre ceux déjà cités, des noms latins masculins à l'accusatif : *árcum, cœlum, consulátum, póntem, sánguinem, elephántem*, etc., le

---

1. On appelle *langue mère*, une langue d'où se sont formées d'autres langues : le latin, l'allemand sont des langues mères. Le latin a formé le français, l'italien, l'espagnol, le portugais, le provençal, le valaque et le roumanche ; de l'allemand sont dérivés l'anglais, le hollandais, le flamand.

français a fait les noms également masculins : arc, ciel, consulat, pont, sang, éléphant, etc. Des noms féminins à l'accusatif *pálmam, plúmam, olívam, fortúnam, statúam, gláciem,* etc., les noms également féminins : palme, plume, olive, fortune, statue, glace, etc. ; et les noms neutres : *dónum, vínum, córpus, nómen, argéntum, plúmbum, monuméntum,* etc., sont devenus les noms masculins : don, vin, corps, nom, argent, plomb, monument, etc.

Il y a exception pour deux catégories de noms : les noms d'arbres, (n° 17) qui sont du féminin en latin (1) et du masculin en français, et les noms en *or* : *ardor, liquor,* etc., d'où : ardeur, liqueur, etc. (n° 343), dont nous parlerons plus tard, lesquels sont masculins en latin, et féminins en français. Il y a encore quelques autres noms qui ont changé de genre en passant dans notre langue, tels que : *ars, artem* (acc.) ; *sors, sortem* ; *salus, salutem* ; etc., qui, féminins en latin, ont formé les noms masculins : art, sort, salut, etc.

Mais ces exceptions, relativement peu nombreuses, n'empêchent pas que le genre des noms latins ne soit un indice utile pour connaître le genre des noms français qui en sont dérivés.

V. — En français, le genre masculin est indiqué généralement par la dernière syllabe du mot, qui est sonore : sénat, torrent, etc. ; et le genre féminin par

---

1. Vous pourrez faire avec moi, mes amis, une conjecture que je ne vous donne pas comme scientifique, mais qui est au moins probable. Vous avez appris, dans la mythologie, que les nymphes appelées Hamadryades habitaient l'intérieur des arbres, et que leur vie était attachée à celle de l'arbre. De là, peut-être, l'idée chez les anciens, d'identifier en quelque sorte la nymphe avec son habitation, et d'attribuer aux arbres le genre féminin.

cette même syllabe, qui est muette ; rose, province, etc. C'est ce qu'on est convenu d'appeler dans les vers, *rimes masculines* et *rimes féminines*. Or, ces terminaisons, masculines ou féminines, sont motivées par l'étymologie, pour un grand nombre de nos mots français, comme vous pouvez le reconnaître par les exemples cités plus haut. Donc, de ce que nous venons d'exposer, on peut déduire la règle générale que vous allez voir en tête des substantifs masculins, (n° 41) et celle que vous verrez plus loin, en tête des substantifs féminins (n° 194.)

Il y a des exceptions à ces deux règles générales, c'est-à-dire, qu'il y a des noms masculins à terminaison féminine, comme : acte, temple, ordre, oracle, précepte, ministère, etc., et des noms féminins à terminaison masculine, comme : faim, soif, chaleur, raison, union, vérité, etc. Ces exceptions trouveront leur place, les premières, au chap. II, à la suite des terminaisons masculines régulières ; les secondes, au chapitre IV, à la suite des terminaisons féminines régulières.

*VI. — Nous avons choisi à dessein des exemples où les mots français ne diffèrent des mots latins que par la terminaison ; mais vous savez, mes amis, qu'il y a beaucoup d'autres mots qui, en passant dans notre langue, ont subi plus de modifications, et dont on reconnaît pourtant l'origine latine. Ainsi, dame vient de *domina* ; âme, de *anima* ; espace, de *spatium* (1) ;

---

1. Nous voyons dans M. Brachet qu'aux mots commençant par une consonne composée, tels que : *spatium, status*, le peuple romain ajouta de bonne heure un *i* qui facilitait la prononciation de cette consonne en la dédoublant, et il disait : *ispatium*, pour *spatium* ; *istatus*, pour *status*. Cet *i* ne tarda pas à devenir *e* : *e*spatium, espace ; *e*speciem, espèce ; *e*studium, étude ; etc.

étoile, (vieux français : estoille) de *stella*; flot, de *fluctus*; puits, de *puteus*; cimetière, de *cœmeterium*; chair, de *carnem* (acc.); pied, de *pedem* (acc.); main, de *manum* (acc.); nuit, de *noctem* (acc.); faîte, de *fastigium*; été (anciennement esté) de *æstatem* (acc.); hiver. (anciennement ivern) de *hibernus*.

*VII. — Il y a aussi, dans la langue française, un certain nombre de mots qui ne sont pas d'origine latine; quelques-uns se sont formés sur le modèle des mots dérivés du latin; il en est qui sont nés du français même; d'autres ont été créés par la science, à mesure du progrès des connaissances, de l'industrie, et des découvertes modernes : ceux-ci sont ordinairement empruntés à la langue grecque; il en est enfin qui ont une origine historique ou qui proviennent de langues vivantes (1); plusieurs de ces différents mots sont compris dans les exceptions; nous indiquerons généralement de quelle langue ils tirent leur origine.

Ce changement se poursuivit en français depuis les IVe et Ve siècles, et, dès le XVIe l'*s* disparut. La suppression en fut marquée par l'accent aigu de l'*e* initial, ce qui explique la forme des noms comme : *épi*, de spica; *épine*, de spina; *étal*, de status; *étable*, de stabulum; *étude*, de studium; *étoile*, de stella, etc. (Voir au dictionnaire étymologique de la langue française, par M. A. Brachet, la note intéressante sur le mot *espérer*, dont nous ne donnons ici qu'un abrégé.)

1. *Langue vivante*: celle qui est parlée par une nation existante, comme l'anglais, l'italien, par opposition à *langue morte*, celle qui n'est plus parlée par aucun peuple, comme le latin, le grec ancien.

QUESTIONNAIRE

*I.

De quelle langue s'est formée la langue française ?

*II.

Quels sont les deux cas latins que la langue française avait conservés dans ses commencements ?
Duquel des deux se sont formés nos substantifs français ?
Donnez quelques exemples.

*III.

Qu'appelle-t-on dans une langue l'accent tonique ou simplement l'accent ?
L'accent existe-t-il dans toutes les langues ?
Quelles places l'accent occupe-t-il en latin ?
Donnez-en un ou deux exemples.
La syllabe accentuée dans le nom latin persiste-t-elle dans le nom français qui en est dérivé ?
Quelle est la place de l'accent en français ?
Donnez-en des exemples.
Quelle remarque est à faire sur les noms de deux syllabes ?
Citez quelques exemples.

*IV.

La plupart des noms français dérivés du latin ont-ils conservé le genre qu'ils avaient dans cette langue ?
Donnez-en quelques exemples.
Citez les deux catégories d'exceptions.
Quel genre ont pris généralement les noms latins du genre neutre, en passant dans la langue française ?
Citez quelques exemples.

Citez une ou deux exceptions de noms neutres en latin, devenus des noms féminins en français.

*V.

Comment le genre masculin et le genre féminin sont-ils généralement indiqués dans la langue française?
Y a-t-il des exceptions?
Donnez-en des exemples.

*VI.

N'y a-t-il pas des mots qui, en passant du latin au français, ont subi plus de modifications que dans les exemples précités?
Citez-en quelques-uns.

*VII.

Est-ce du latin seul que les mots de la langue française sont formés?

CHAPITRE PREMIER

TERMINAISONS MASCULINES RÉGULIÈRES.

41. RÈGLE GÉNÉRALE. — Les noms terminés par une voyelle sonore ou par une consonne sont, généralement parlant, du genre masculin.

Exemples de terminaisons diverses.

Du colza.
Un éclat.
Un régal.
Du café.
Un cartel.
Le soleil.
Un foyer.
Un galet.
De l'alcali.
Un fusil.
Un plaisir.
Un phénix.
Un artichaut.
Un échafaud.
Un torrent.
Un moulin.
Un lynx.
Un beffroi.

Du cacao.
Un bloc.
Un bord.
Un flot.
Un écu.
Un calcul.
Du jus.
Le salut.
Le flux.
De l'étain.
Un étang.
Un soliveau.
Un coin.
Un espoir.
Un détroit.
Un nom.
Un don.
Un emprunt, etc. (1).

PHRASE-TYPE. Entre ces *blés* verts et ces *coteaux* riants, voyez ces beaux *champs* de colza fleuri, que leur doux *éclat* fait ressembler à de larges bandes d'*or* mat, sous le gai *soleil* du *printemps*.

---

(1) Voir le Fil Conducteur, de la page 142 à la page 214.

NOMS MASCULINS AUXQUELS S'APPLIQUE LA RÈGLE GÉNÉRALE

1re Section.

VOYELLES SIMPLES

a

Sont du genre masculin :

42.   Les noms en a.

Exemples :
Un agenda.
Un boa.
Un falbala.
Un gala.
De l'ipécacuanha.
Un panorama.
Un tréma, etc., etc.

Exceptions :   *Noms francisés.*

De l'italien (1) :   { Une chipolata.
                          { Une polenta.
                          { Une veranda.

Du polonais :   { Une mazurka.

De l'espagnol :   { Une noria.
                          { Une olla podrida.

Du polonais.   { Une polka.
                          { Une redowa.

De l'arabe :   Une smala.
Du latin :   De la sépia.
De l'italien *tombolo* : Une tombola.

---

(1) Dans les langues d'où ces noms nous sont venus, la voyelle finale *a* est souvent la marque du féminin.

43. Les noms en ac, act.

Exemples :   Pas d'exception.
Un bac.   ⎫
Un lac.   ⎬ (pr. : ake).
Un sac.   ⎭
Du tabac (pr. ; taba).
Un contact (pr. : acte).
Le tact   (id.).

44. Les noms en ail, al, alt, ap, ar, arc, ard, art.

Exemples :   Exception :
Un bail.   Une bonne part (1).
Du corail.
Un arsenal.
Du cristal.
Un régal.
Du cobalt.
Un cap.
Du jalap.
Un bazar.
Un arc (pr. : ark).
Un boulevard.
Un art.
Un rempart.

45. Les noms en as, at, ât.

Un amas.
Un ananas.
Un débat.
Un rachat.
Un mât.
   etc., etc.

---

*1. Du mot latin féminin *pars*, *partem* (accusatif) par la chute du son final *em*, et la persistance de la consonne *t*.

46. Les noms en *ab, ach, acs, ag, alc, az,* qui sont seuls de leur terminaison.

Un baobab.
Un almanach (pr. na).
Un lacs (pr. lâ).
Un zigzag.
Du talc.
Du gaz.

PHRASES-TYPES. On connaît ce curieux *détail* historique : le Vieux de la Montagne qui menaçait de son *poignard* les princes et les rois, subjugué par l'ascendant de saint Louis, lui envoya des présents, entre autres, dit la tradition, un superbe jeu d'échecs en *cristal* de roche blanc et noir, taillé avec un *art* parfait, et qui se voit encore au Musée de Cluny.

La foudre, en tombant, dessine ordinairement un zigzag lumineux.

e

Sont du genre masculin :

47. Les noms en *é*.

Exemples :	*Exceptions :*
Du blé.	Une belle psyché.
Un coupé.	Et presque tous les mots en té (1).
Un dé.	
Un fossé.	
Un lé de robe.	
etc., etc.	

---

(1) Voir la règle particulière des terminaisons féminines avec la dernière lettre sonore, n° 346.

48. Les noms en *ec, ect, ed.*

Exemple : | *Pas d'exception.*

Un bec.
Le respect.
Un pied, etc., etc.

49. Les noms en *ef.*

Exemples : | *Exceptions :*
Un bref. | Une grosse clef (pr. clé).
Un fief. | Une nef spacieuse.
Un grief, etc.

50. Les noms en *eil, el, ep, ept.*

Exemples : | *Pas d'exception.*

Un appareil.
Du vermeil.
Un appel.
Un cartel.
Un cep (pr. cè).
Un sept (pr. sett).

51. Les noms en *er.*

Exemples : | *Exception unique.*
Un cahier. | Une mer houleuse.
Un clocher.
Du fer (pr. ferr).
Un hiver (pr. err).
    etc., etc.

52. Les noms en *erf, ers, ert, ès, est.*

Exemples : | *Pas d'exception.*

Un nerf.
Un revers.
Un concert.
Un accès.
Un procès.
L'est.
Du lest.

VOYELLES SIMPLES. ET, EX, EZ, EGS, EP, EPS, I.

53. Les noms en *et*.

Exemples :
Un bluet.
Un boulet.
Un billet.
Un chevet.
Un plumet.
Un rouet.
  etc., etc.

Exception unique.
Une épaisse forêt.

54. Les noms en *ex*, *ez*.

Exemples :
L'index.
Un silex.
Le nez.
Le biez du moulin, etc.

Pas d'exception.

55. Les noms en *egs*, *ep*, *eps*, qui sont seuls de leur terminaison.

Un legs (pr. lè).
Un cep (pr. cè).
Du reps (pr. repss).

PHRASES-TYPES. Si vous voulez suivre mon *conseil*, vous répondrez au pressant *appel* de vos parents, et vous vous mettrez en état de subir vos premiers *examens*, le *sept* du mois prochain.

Les pins, deuil de l'*été*, parure des *hivers*...

(Mme de Staël).

i

Sont du genre masculin :

56. Les noms en *i*.

Exemples :
Un abri.
Un appui.

Exceptions :
Une après-midi pluvieuse.
La fourmi industrieuse.

Un défi.
Un épi.
Un pli.
    etc., etc.

57. Les noms en *ic, ict, id, if, il, ir.*

Exemples : | *Pas d'exception.*

Un pic.
Un district.
Un nid.
Un canif.
Un motif.
Un outil.
Un désir, etc.

58. Les noms en *is.*

Exemples : | *Exceptions :*

Un avis. | Une brebis errante.
Un châssis. | Une riante oasis (pr. o-a-ziss).
Un devis. | Une souris blanche.
Un taillis. | Une forte vis (pr. viss).
Un tapis.
Un treillis.
Un vernis, etc.

59. Les noms en *it.*

Exemples : | *Exception unique :*

Un habit. | Une belle nuit.
Un délit.
Un édit.
Un lit.
Un récit.
Un rit (pr. ritt)., etc.

60. Les noms en *ix.*

Exemples : | *Pas d'exception.*

Un phénix (pr. phénikss).
Un prix.

61. Les noms en *isc*, *ith*, *iz*, qui sont seuls de leur terminaison.

Le fisc (pr. fisk).
Le zénith (pr. zénitt).
Du riz.

PHRASES-TYPES. Vous jetez un *cri* comme si vous aviez marché sur un *aspic*, et cela sans autre *motif* que le *bruit* d'un coup de *fusil* que notre jeune *conscrit* s'est donné le *plaisir* de tirer sur un *nid* abandonné dans le grand *buis* ! Je vous assure que vous ne méritez pas le *prix* de bravoure.

Un des plus intéressants *souvenirs* que renferme le jardin du palais épiscopal de Meaux, est une allée solitaire, bordée de vieux *ifs*, où Bossuet a composé la plupart de ses ouvrages.

o

Sont du genre masculin :

62. Les noms en *o*.

Exemples :
Un écho.
Un domino.
Un numéro.
Un loto.
Un piano.
Un zéro, etc.

Exception unique.
La quasimodo prochaine (mot francisé du latin).

63. Les noms en *oc, ol, op, or, ord, orps, ors.*

Exemples :
Un accroc (pr. accro).
Un broc (pr. bro).
Un froc (pr. frok).
Un bol.

Pas d'exception

Un sirop.
Le nord.
Un corps.
Un mors, etc.

64. Les noms en *ort*.

Exemples :   *Exception unique :*
Un fort. Une mort subite (1).
Un port.
Le sort, etc.

65. Les noms en *os, ot, ôt*.

Exemples :   Pas d'exception.
Le chaos.
Un clos.
Un rhinocéros (pr. oss).
Un ballot.
Un cahot.
Un gigot.
Un rôt, etc.

76. Les noms en *och, ooch, od, oq*, qui sont seuls de leur terminaison.

Un auroch (pr. ok).
Un looch (pr. lok).
Un éphod (pr. fodd).
Un coq (pr. cok).

PHRASES-TYPES. Christophe Colomb prévoyant une tempête, conseillait à Ovando de différer le départ d'une flotte de dix-huit vaisseaux chargés d'*or* ; ce dernier, dans son jaloux *désaccord* avec Colomb, méprisa cet avis, et bientôt le *choc* des *flots* furieux

---

*(1) Du nom latin féminin *mors, mortem* (acc.), par la chute du son final *em*, et par la persistance de la consonne *t*.

soulevés par l'ouragan, fit périr, non loin du *port*, cette flotte presque tout entière.

Un curieux *écho* des *bords* du Rhin répète, comme une fusillade, un seul coup de pistolet tiré du fleuve.

u

Sont du genre masculin :

67. Les noms en *u, û*.

Exemples :	*Exceptions*
Un cru.	La glu visqueuse.
Un écu.	Une tribu puissante.
Un dû.	Une vertu éminente.
Un reçu.	
Un ru, etc,	

68. Les noms en *uc, ul, ur, us, usc, ut, ux*.

Exemples :	*Pas d'exception.*
Un aqueduc.	
Un calcul.	
Un mur.	
Un obus (pr. uss).	
Un refus (pr. u).	
Du musc.	
Un début.	
Un tribut.	
Le flux.	
Le reflux, etc.	

69. Le nom en *ult*, qui est seul de sa terminaison.

Un indult.

PHRASES-TYPES. Si le *calcul* vous semble aride, ne vous découragez pas dès le *début* : tel problème qui vous met au pied du *mur*, se résoudra comme de lui-même au moment où vous y penserez le moins.

Près de Jouy-aux-Arches, village de Lorraine, on voit les ruines d'un *aqueduc* romain.

2ᵉ Section

VOYELLES COMPOSÉES

Par a

Sont du genre masculin :

70. Les noms en a*i*, a*ir*, a*is*, a*it*.

Exemples :	Pas d'exception.
Un délai.	
Un essai.	
L'air.	
Un éclair.	
Un marais.	
Du lait.	
Un portrait, etc.	

71. Le nom en a*id* qui est le seul de la terminaison.
Un plaid.

72. Les noms en a*u*, a*ud*, a*ut*.

Exemples :	Pas d'exception.
Un fléau.	
Un préau.	
Un échafaud.	
Un artichaut.	
Un saut, etc. (1).	

PHRASES-TYPES. L'illustre Lavoisier fut conduit à

---

(1) V. les term. comm. aux deux genres, *aix*, *aux*, nᵒˢ 382-383.

l'*échafaud*, après avoir vainement demandé un *délai* de deux jours, pour achever des expériences utiles à l'humanité.

Les *éclairs* sont moins prompts : je l'ai vu de mes
Je l'ai vu qui frappait ce monstre audacieux. [yeux,
(Tragédie de Mérope).

Par e

Sont du genre masculin ;

73. Les noms en *eau* (1).

REMARQUE. Cette terminaison commençant par la voyelle *e*, a dû trouver place ici, bien que la prononciation en soit semblable à celle des noms en *au*, comme : étau, sarrau, etc.

Exemples :	*Exceptions:*
Un bateau.	De l'eau courante.
Un chapeau.	De la peau blanche.
Un château.	
Un cerceau.	
Un rameau.	
Un soliveau.	
etc., etc.	

74. Les noms en *eu, œuf, euil, ueil, eul, eux*.

Exemples :	Pas d'exception.
Un aveu.	
Du feu.	
Un œuf.	
Un bœuf.	

(1) Voir les noms en *eur*, au chapitre des règles particulières n° 343.

Un bouvreuil.
Un fauteuil.
Un accueil.
L'orgueil.   } (1) (pr. euil).
Un linceul.
Un tilleul.
Un creux, etc.

75   Les noms en *œu*, *œud*, qui sont seuls de leur terminaison :

Un vœu.
Un nœud.

PHRASES-TYPES. Les bancs de corail sont des *écueils* très dangereux.

Saladin mourant ordonna qu'un héraut portât par la ville un *linceul* au bout d'une lance, en criant : « Voilà tout ce que le grand Saladin emporte dans le *tombeau*. »

Par o

Sont du genre masculin :

76.   Les noms en *oi* (1).

Exemples :	Exceptions :
Un beffroi.	Une foi ardente.
Un émoi.	Une loi divine.
Un tournoi, etc.	Une paroi transparente.

---

(1) L'*u* est placé avant l'*e*, pour rendre dure la prononciation des lettres *c* et *g*.

(1.) Voir pour les noms en *oif* et en *oix*, au chapitre des règles particulières, nos 345-347.

77. Les noms en *oid, oil, oir, ois, oit*.

Exemples : | Pas d'exception.
Le froid.
Un poil.
Un devoir.
Un parloir.
Un mois.
Un pois.
Un exploit.
Un toit, etc.

78. Le nom en *oids*, qui est seul de sa terminaison.
Un poids.

79. Les noms en *ou, ouc, oup*.

Exemples : | Pas d'exception.
Un bijou.
Du caoutchouc (pr. chou).
Le croup (pr. croupp).

80. Les noms en *our*.

Exemples : | Exceptions :
Un carrefour. | Une grande cour.
Un détour. | Une haute tour.
Un jour.
Un tambour.
etc., etc.

81. Les noms en *ourg, ours*.

Exemples : | Pas d'exception.
Un bourg.
Un cours.
Du velours.

82. Les noms en *ous, out, oût*.

Exemples : | Pas d'exception.
Un burnous.
L'atout.

Un surtout.
Le dégoût.
Un ragoût, etc.

83. Le nom en *ouls*, qui est seul de sa terminaison.

Le pouls.

PHRASES-TYPES. Henri II fut blessé mortellement dans un *tournoi*, en joûtant avec Montgomery.

Cornélie, la mère des Gracques, disait que ses enfants étaient ses plus beaux *atours*, et ses *bijoux* les plus précieux.

3ᵉ Section

SONS NASAUX

Par **n**

Sont du genre masculin :

84. Les noms en *aim, ain*.

Exemples :	*Exceptions* :
Un essaim.	Une faim canine (1).
Un bain.	La main droite (2).
De l'étain.	
etc., etc.	

85. Les noms en *amp, an, anc, ang, ant*.

Exemples :	*Pas d'exception*.
Un camp.	
Un champ.	

---

*(1) Du nom latin féminin *fames*, par *a* devenu *ai*, et par la chute du son final.

*(2) Du nom latin féminin *manus*, par le changement des *quatre* dernières lettres en *ain*, comme dans *humanus*, humain; *romanus*, romain.

Un écran.
Du flan (pâtisserie).
Le flanc.
Un banc.
Un étang.
Un chant, etc.

86. Le nom en *and* qui est seul de sa terminaison.

Un gland.

– PHRASES-TYPES. Assis sur un *banc* de pierre, au bord du grand *étang*, nous avons vu un bel *essaim* d'abeilles qui est allé s'accrocher aux branches d'un vieux *fusain*, tout fleuri, planté auprès du *champ* voisin.

Un *gland* tombe : le nez du dormeur en pâtit.
(La Fontaine).

Par e

Sont du genre masculin :

87. Les noms en *ein*, *eing*, *emps*.

Exemples :
Un frein.
Un contre-seing.
Le printemps.
Le temps, etc.

Pas d'exception.

88. Les noms en *en*, *ens*, *ent*.

Exemples :
Un examen (pr. in).
Un moyen (pr. in).
Un spécimen (pr. menn).
Le bon sens.
De l'encens.

Exceptions:
Une dent blanche.
La gent marécageuse.
Une belle jument.

Un accident.
Un document.
Un instrument.
Un monument, etc.

89.   Le nom en *cint*, qui est seul de sa terminaison:
Le teint.

PHRASES-TYPES. Le *temps* de la jeunesse étant celui des passions vives, le seul *frein* assez puissant pour les réprimer est la Religion.

La *main* de l'homme est le plus parfait des *instruments* : c'est par son *moyen* qu'il s'en crée une infinité d'autres.

Par **i, y**

Sont du genre masculin :

90.   Les noms en *ien, in, ynx*.

Exemples :	*Exception* :
Un lien.	Une fin heureuse.
Un soutien.	
Un bulletin.	
Du lin.	
Le matin.	
Le larynx.	
Un lynx, etc.	

91 Les noms en *inc, inq, inx, ym*, qui sont seuls de leur terminaison.

Du zinc.
Un cinq.
Un sphinx.
Du thym; (pr. tin).

Phrases-types. La bonne conscience et la bonne réputation sont des *biens* plus précieux que les richesses.

Il ne faut pas confondre le *lynx*, appelé loup-cervier des fourreurs, avec l'animal fabuleux du même nom, auquel les anciens attribuaient une vue si perçante.

Par o

Sont du genre masculin:

92. Les noms en *oin, oing, oint, om, omb*.

Exemples :	*Pas d'exception.*
Un coin.	
Du foin.	
Un coing (fruit).	
Un point.	
Un joint.	
Un nom.	
Un plomb, etc.	

93. Les noms en *on*.

Exemples :	*Exceptions:*
Un caisson.	1° Tous les noms en *aison*. (Voir la règle particulière n° 342).
Du gazon.	
Un poisson.	
Un grêlon.	2° Presque tous les noms en *ion*. (Voir la règle particulière n° 344).
Un jalon.	
Un mirliton.	
Un moellon.	3° Les 18 noms suivants:
Un oignon.	Une boisson fraîche.
Un oison.	Une petite chanson.
Un panthéon.	Une forte cloison.
Un paon (pr. pan).	Une mauvaise contrefaçon.
Un perron.	Une seconde cuisson.
Un poinçon.	Une bonne façon.

Un potiron.	Une gentille fanchon.
Un sillon.	Une forte garnison.
Un siphon.	Une petite guenon.
n son.	Une bonne leçon.
Un soupçon.	Une guérison miraculeuse.
Un tampon.	Une belle moisson.
Un taon (pr. tan).	Une chaude mousson.
Un thon.	Une courte pamoison.
Un ton.	Une étroite prison.
Un tronçon.	Une grosse rançon.
Un vallon.	Une blanche toison.
Un violon.	Une odieuse trahison.
etc., etc.	

94. Les noms en *onc, ond, ont.*

Exemples :   *Pas d'exception.*

Un jonc.
Un tronc.
Un bond.
Le fond d'un puits.
Un gond.
Un affront.
Un pont, etc.

95. Les noms en *onds, ons, onts,* qui sont seuls de leur terminaison :

Un fonds de terre.
Un répons.
Les fonts baptismaux.

PHRASES-TYPES. Saint Louis, n'ayant encore que vingt ans, s'élança le premier sur le *pont* de Taillebourg, soutint presque seul le choc des *bataillons* anglais; et par cette vaillante audace, entraîna à sa suite le reste des siens : cette victoire signalée commença dès lors à rendre son *nom* fameux.

Travaillez, prenez de la peine :
C'est le *fonds* qui manque le moins.

(La Fontaine).

Par u

Sont du genre masculin :

96. Les noms en *um*, *un*.

Exemples :
Un album (pr. albomm).
Du laudanum (pr. laudanomm).
Du rhum (pr. romm).

Pas d'exception.

Le mot *parfum* est le seul de cette orthographe où se fasse entendre le son nasal : on prononce *parfun*.

97. Les noms en *unch*, *unt*, qui sont seuls de leur terminaison :

Du punch (pr. ponche).
Un emprunt.

PHRASES-TYPES. Le *commun* des hommes estime plus qu'on ne pense tout ce qui respire le *parfum* de la modestie et de l'honnêteté.

Le *rhum* est une eau-de-vie de sucre d'un arome tout particulier ; le meilleur vient de la Jamaïque et d'Antigoa.

QUESTIONNAIRE

I.

41 à 97. De quel genre sont généralement les noms terminés par une voyelle sonore ou par une consonne ? Donnez quelques exemples, tels que : boa, cristal, blé, appel, massif, pont, mur, etc.

47. Quelles sont les exceptions du féminin pour la voyelle simple : é ?

93. Quelles sont les deux catégories d'exceptions du féminin pour le son nasal : on ?

41 à 97. Les autres cas d'exception sont-ils généralement
53. nombreux ? — Citez-en un ou deux, par exemple l'exception du féminin dans la terminaison et —
59. dans la terminaison it, etc.

73. Quelles sont les deux exceptions du féminin pour les noms terminés par la voyelle composée eau ?

84. Quelles sont les exceptions pour les son nasaux aim, ain ?

44 à 64. *Donnez l'étymologie des deux mots part, mort, et expliquez comment ils sont féminins avec une terminaison masculine.

84. *De quels noms latins féminins sont dérivés les noms : faim, main, également féminins en français, et quels changements ont-ils subi en passant dans notre langue ?

TERMINAISONS MASCULINES EXCEPTIONNELLES

Aux jeunes élèves latinistes.

*Un certain nombre de noms masculins se terminent par l'e muet : ce sont les terminaisons exceptionnelles. Cela ne dépend pas d'un caprice de la langue française ; elle a suivi, au contraire, dans sa formation, une marche logique et naturelle ; nous vous avons avertis déjà, mes amis, que c'est en raison de l'étymologie.

D'après ce que nous avons dit de l'accentuation latine, page 63, vous vous rappelez que la voix s'élevant sur la syllabe accentuée, s'éteint presque sur la syllabe qui suit : cette circonstance explique très naturellement pourquoi la fin du mot a disparu dans le passage du latin au français. Vous savez de plus que dans les noms féminins dérivés du latin, cette syllabe finale s'assourdit en *e* muet ; *rósam*, la rose; *fortúnam*, la fortune; *provínciam*, la province ; *gláciem*, la glace, etc.

Mais beaucoup de noms latins masculins ou neutres donnent de même en français des noms masculins, terminés par un *e* muet. Certaines remarques vous aideront à en comprendre la raison, et par suite à en mieux retenir le genre.

Nous avons dit encore, (page 67) que la langue grecque a fourni aussi son tribut de mots à la langue française ; nous commencerons par indiquer quelle est leur terminaison ordinaire.

*I. Les noms français, dérivés du grec, soit anciennement, soit qu'ils aient été créés ultérieurement par la science, se terminent généralement par l'e muet :

l'enthousiasme, de *enthousiasmos* : un anachronisme, de *anachronismos* ; le chlore, de *chloros* ; un anagramme, de *anagramma* ; un télégraphe, de *tèle*, loin ; *grapho*, j'écris, etc.

Quant aux mots grecs latinisés, c'est-à-dire ceux qui nous sont venus par l'intermédiaire des Romains, ils sont pour nous de vrais mots latins, (1) et les noms français qui en dérivent se forment de l'accusatif.

Ainsi, par exemple, les noms masculins *tomus*, (de tomos) ; *thronus*, (de thronos) ; *zelus*, (de zelos) ; etc., ont l'accusatif en *um*, et, passant en français ils changent cette finale *um* en *e* muet : *tomum*, un tome ; *thronum*, le trône ; *zelum*, le zèle, etc.

Les noms neutres *diadema, emblema, aroma, phantasma*, (qui s'écrivent de même en grec et en latin), *cenotaphium*, etc. changent également en français la finale de l'accusatif *a, ium* en *e* muet : un diadème, un emblème, un arome, un fantôme, un cénotaphe.

Les noms féminins, tels que : philosophie, de *philosophia*, (amour de la sagesse) ; orthographe, de *ortographia*, (écriture juste) : etc. suivent la règle ordinaire et se terminent par l'*e* muet.

Voilà pour la partie la plus *savante* de cette petite étude : j'aime à penser qu'elle n'a pour vous rien d'effrayant. Revenons au latin proprement dit.

Il y a des noms qui suivent une même règle, quant à la transformation de la finale latine en *e* muet, qu'ils soient masculins ou féminins. Dès lors, la terminaison en *e* muet de certains noms masculins est aussi naturelle que celle des noms féminins. C'est ce que vous

---

(1) A. Brachet.

allez voir dans les paragraphes suivants, sur lesquels nous appelons votre attention.

*II. Remarquons en premier lieu que les noms latins où la voyelle accentuée est suivie de deux consonnes donnent en français des noms terminés par un e muet, soit masculins, soit féminins. Parmi ces noms il faut distinguer :

1° Ceux qui ont naturellement les deux consonnes, et qui sont accentués sur la pénultième : *arbústus, um*, (acc.) un arbuste ; *triúmphus, um*, (acc.) le triomphe ; *candelábrum*, un candélabre ; *theátrum*, le théâtre ; *simulácrum*, un simulacre ; etc. — *dolábram* (acc.) une dolabre (sorte de hache) ; *cataráctam* (acc.) une cataracte ; *cavernam* (acc.) une caverne ; etc.

Mais *delictum* fait délit, terminaison sonore, avec la suppression du *c*.

Les noms de deux syllabes nécessairement accentués sur la première, sont dans le même cas : *actus, um*, (acc.) un acte ; *astrum*, un astre ; *templum*, le temple ; *signum*, le signe ; etc. — *formam* (acc.) la forme ; *umbram* (acc.) une ombre ; *palmam* (acc.) la palme ; *urnam* (acc.) une urne ; etc.

Cependant quelques-uns de ces mots ont en français une terminaison masculine, comme : un port, de *portum*, (acc.) ; la mort, de *mortem* (acc.) ; une part, de *partem*, (acc.).

2° Les noms accentués sur l'antépénultième, laquelle n'est suivie de deux consonnes que par contraction, c'est-à-dire, par la suppression, dans le latin populaire, de la voyelle brève de la pénultième. Au lieu de *spectác(u)lum, sáb(u)lum, áng(u)lum* (acc.), *pós(i)tum* (acc.), *órd(i)nem* (acc.), etc., le peuple disait : *spectác'lum, sáb'lum, áng'lum, pós'tum, ór-d'nem*; — au lieu de *fáb(u)la, táb(u)la, rég(u)la, fáb'la, sáb'la, rég'la*; etc., d'où le français fit les noms masculins spectacle, sable, angle, poste, ordre, (en changeant dans ce dernier mot *n* en *r*) etc. — et les noms féminins fable, table, règle, etc.

Stábulum, nom neutre, fait exceptionnellement le nom féminin : étable.

*III. En second lieu, il est une remarque qu'il vous sera facile de faire vous-mêmes dans vos devoirs latins, c'est que la presque totalité des noms neutres en *ium*, se traduisent en français par des noms masculins à terminaison féminine : tels sont : *collégium, ministerium, officium, principium, negótium, refúgium, sanctuárium*, etc. qui sont accentués sur l'antépénultième, et changent *ium* en *e* muet, la voyelle brève *i* tombant en même temps que la finale *um* : collège, ministère, office, principe, négoce, refuge, sanctuaire, etc.

Dans ce dernier mot et autres semblables, l'*i* s'est ajouté à l'*a* de la syllabe accentuée pour former la désinence *aire*.

Les noms féminins *grátia, grátiam* (acc.); *miséria, misériam*; *justítia, iam*; *concórdia, iam*; *astútia, iam*; *patiéntia, iam*; etc. ont changé suivant la même règle de formation, les finales *iam* en *e* muet : grâce, misère, justice, concorde, astuce, patience, etc.

Il faut excepter quelques mots, comme *sandálium, stúdium*, qui forment les noms féminins : sandale, étude.

Bráchium forme le substantif masculin : bras, à terminaison sonore; *cílium, exílium*, font cil, exil; *consílium* fait conseil.

Au moyen de ces remarques préliminaires, vous vous rendrez compte du genre et de l'orthographe usuelle des substantifs contenus dans ce chapitre : votre mémoire en sera aidée autant que votre bonne volonté.

QUESTIONNAIRE

*I

Quel est le genre et quelle est la terminaison ordinaire des substantifs français dérivés de la langue grecque ?

*II

Quelle est le genre et quelle est la terminaison ordinaire des noms français dérivés des noms latins où la pénultième est accentuée et suivie de deux consonnes, comme dans *candelábrum, témplum* ?

Les noms féminins dérivés des noms latins, comme *cataráctam, úrnam,* etc., suivent-ils la même règle de formation ?

Donnez un ou deux exemples de noms masculins et de noms féminins ?

Citez une exception du masculin et une du féminin ?

Qu'y a-t-il de particulier sur les noms accentués sur l'antépénultième, comme *spectáculum, sæculum* ? — Sur *fábula, régula* ?

Citez une exception ?

*III

Quel est le genre et quelle est la terminaison des noms français dérivés des noms neutres en *ium*, comme *collegium, principium* ?

Les noms français dérivés des noms latins féminins en *ia, iam*, comme *gratia, gratiam*, suivent-ils la même règle de formation ?

Citez deux ou trois exemples.

CHAPITRE II

TERMINAISONS MASCULINES EXCEPTIONNELLES.

Ce chapitre comprend les terminaisons masculines exceptionnelles, c'est-à-dire, les noms masculins terminés par l'*e* muet, d'après leur étymologie. Ces sortes de terminaisons, assez nombreuses du reste, ne renferment cependant chacune qu'un petit nombre de mots, sauf les noms en *age* (environ 200) et les noms en *aire* (environ 50). Les quelques noms féminins de ces mêmes terminaisons ne sont pas en réalité des exceptions, puisqu'ils suivent la règle générale ; néanmoins nous les avons placés en regard, en les accompagnant d'un qualificatif pour aider la mémoire à les distinguer des noms masculins.

Nous appelons l'attention sur ce fait, que dans les noms masculins terminés par un *e* muet, la lettre finale est presque toujours précédée d'une double consonne (sable, siècle, titre, etc.) Cette observation portera sur la majeure partie des noms contenus dans ce chapitre, et sera souvent un indice pour en reconnaître le genre.

Plusieurs terminaisons en *e* muet renferment des noms masculins et des noms féminins en nombre à peu près égal. Là existait une difficulté réelle pour le classement de ces noms : les adjoindre au chapitre des *terminaisons communes* aux deux genres, c'était augmenter de beaucoup la nomenclature de celles-ci, et par suite, le travail de la mémoire, puisque, si l'on veut les savoir, on n'a d'autre ressource que de les apprendre toutes par cœur. C'est pourquoi nous nous sommes déterminé à en restreindre le chiffre autant que possible, en plaçant parmi les terminaisons masculines, celles où le nombre des noms masculins excède quelque peu celui des noms féminins, et réciproquement.

On verra plus loin, dans le chapitre III des terminaisons féminines régulières, d'autres noms masculins terminés par e muet, qui se présentent comme exceptions dans presque toutes les terminaisons féminines. A ces noms sont joints des qualificatifs pour en faire discerner le genre. Les élèves qui étudient le latin en trouveront facilement l'étymologie d'après les règles qu'ils auront vues plus haut, p. 91 et suivantes.

1re Section.

NOMS MASCULINS TERMINÉS PAR UNE VOYELLE SIMPLE SUIVIE D'UNE OU DEUX CONSONNES ET D'UN e MUET

A

RÈGLES PARTICULIÈRES.

Sont du masculin, quoique terminés par un e muet.

98.   Les noms en *abe*.

Exemples :	*Noms féminins suivant la règle générale* :
Un astrolabe ; du grec *astrolabon*.	
Un carabe ; du latin *carabus*.	
Un crabe ; de l'allemand *krabbe*.	Une syllabe brève(1).

---

(1) De *syllaba*, féminin en latin. Les composés de syllabe, comme : monosyllabe, dissyllabe, polysyllabe, sont du masculin, parce que ce sont des adjectifs employés comme noms. (Voir la règle, n° 12).

99. Les noms en able, âble.

Un câble; de l'arabe kabel, câble.
Un érable: anciennement érabre, erarbre, du latin acer, érable, et arbor arbre.
Un râble de lièvre; du latin rapulum, diminutif de rapum, racine, petite rave, et par analogie, petite queue.
Un rétable; pour rière-table; du latin retro, arrière, en vieux français rière; et tabula ou table, — ou de restabilis, de re, stare, fixé contre.
Du sable; du latin sabulum ou sab'lum.
Un vocable; du latin vocabulum ou vocab'lum.

Une étable neuve.
Une table ingénieuse.
Une table ronde.

100. Les noms en abre.

Un candélabre; du latin candelabrum.
Du cinabre, couleur rouge; du latin cinnabaris, féminin.
Un sabre; de l'allemand sabel, par la contraction sab'l et le changement de l en r.

Une petite dolabre (sorte de hache).

101. Les noms en acle.

Un cénacle,   du latin cœnaculum.
Un habitacle (1),   — habitaculum.
Un miracle,   — miraculum.
Un obstacle,   — obstaculum.
Un oracle,   — oraculum.
Le pinacle, de l'italien pinacolo.
Un réceptacle, du latin receptaculum.
Un spectacle,   — spectaculum.
Un tabernacle,   — tabernaculum.

Une grande débâcle.
Une petite râcle.

---

(1) Cage de la boussole.

102. Les noms en acre.

Un acre de terrain ; du bas latin *acrum*.	La nacre brillante.
Un fiacre ; nom d'origine historique (1).	Une polacre turque, (sorte de navire).
Un massacre; du bas allemand *matsken*; égorger.	
Un sacre ; du latin *sacrum*.	
Un simulacre ; du latin *simulacrum*.	

103. Les noms en acte.

Un acte; du latin *actus*, et son dérivé entr'acte.	Une cataracte bruyante. Une épacte nouvelle.
Un pacte ; du latin *pactus*.	

104. Les noms en age.

Un adage ; du latin *adagium*, proverbe.	Une grande cage.
Un apanage ; dérivé de l'ancien verbe français *apaner*, nourrir; *panis*, pain.	Une belle image. Aller à la nage.
Un avantage; dérivé de *avant* ; ce qui nous profite, nous avance.	Une page blanche. La passerage bienfaisante.
Un bocage ; du latin *boscaticum*, diminutif de *boscum*, bois.	
Un coquillage; du latin *conchylium*.	Une plage déserte. Une rage furieuse.
Un équipage; dérivé du verbe équiper, gréer un navire ; du gothique *skip*, navire (2).	Une belle saxifrage.

---

(1) Il date de 1640, époque où furent introduites les premières voitures de louage qui stationnaient à l'hôtel de Saint-Fiacre. Ménage écrivait en 1650 : « Fiacre: On apppelle ainsi, à Paris, depuis quelques années, un carrosse de louage, à cause de l'image Saint-Fiacre qui pendoit pour enseigne à un logis de la rue Saint-Antoine, où on louoit ces sortes de carrosses. C'est dont je suis témoin oculaire. » (Dict. étymologique de la langue française, par A. Brachet.)

(2) Ibidem.

Un ménage ; anciennement *mesnage* ; à l'origine *maisnage*, dérivé du latin *mansionaticum* ; défense d'une maison ; *mansionem*, maison, demeure (1).
Un présage, du latin *præsagium*.
Un suffrage, — *suffragium*.
Un village, — *villaticum* ou assemblage de plusieurs fermes ou métairies, dérivé de *villa*, ferme (2).
Un voisinage ; du latin *vicinus*, voisin.

Un grand nombre de noms en *age*, ont été créés par le français sur ce modèle, et sont pour la plupart dérivés des verbes, tels que : attelage, arrivage, blanchissage, labourage, passage, savonnage, usage, etc., des verbes atteler, arriver, blanchir, labourer, passer, savonner, user., etc.

105. Les noms en *alque*.

Un calque et son dérivé un décalque de l'italien *calcare*, calquer.
Un catafalque ; de l'italien *catafalco*.

106. Les noms en *alte*.

| De l'asphalte, du latin *asphaltum*. | Une longue halte (h. |
| Du basalte, — *basaltem*. | aspiré). |

107. Les noms en *aphe*.

Un autographe,	du grec *autographos*.	Une épigraphe sententieuse.
Un cénotaphe,	— *cenotaphion*.	
Un paragraphe,	— *paragraphè*.	Une épitaphe latine.
Un télégraphe,	— *tèle*, de loin ; *grapho*, j'écris	Une bonne orthographe.

---

(1) A. Brachet.
(2) Ibidem.

108. Les noms en *arbre*.

Un arbre, du latin *arbor*.
Un marbre, — *marmor*.

109. Les noms en *asme*.

Un cataplasme ; du latin *cataplasma*, dérivé du même mot en grec.
L'enthousiasme, du grec *enthousiasmos*.
Le marasme, — *marasmos*.
Un miasme, — *miasma*.
Un pléonasme, — *pléonasmos*.
Un sarcasme ; du latin *sarcasmus*, dérivé du grec *sarcasmos*.
Un spasme ; du latin *spasma*, dérivé du même mot grec.

110. Les noms en *astre*.

Un astre ; du latin *astrum*.
Le cadastre ; id. *capitrastum*.
Un désastre ; de l'italien *disastro*.
L'épigastre ; du grec *epi*, sur ; *gaster*, estomac.
Un pilastre ; de l'italien *pilastro*.

Une piastre neuve (de l'italien *piastra*).

111. Les noms en *âtre*.

De l'albâtre ; du latin *alabastrum*.
Un âtre ; d'un ancien mot allemand : *astrih* qui signifie dallage.
Un amphithéâtre, du lat. *amphitheatrum*
Un emplâtre, — *emplastrum*.
Du plâtre, — *plastrum*.
Un théâtre, — *theatrum*.

112. Les noms en *avre*.

Un cadavre ; du latin *cadaver*.
Un havre ; de l'anglo-saxon *hafen*, de-

venu le latin vulgaire *habulum*; et par contraction *hab'lum*, d'où *hable*, puis *havle*, et enfin *havre* (1).

113. Et les noms suivants en *agme, aphte, aphthe, aspe, asthme* qui sont seuls de leur terminaison :

Le diaphragme, du latin *diaphragma*.
Du naphte. — *naphta*.
Des aphthes, — *aphtha*.
Le jaspe, — *iaspis*.
Un asthme (prononcer asme), du grec *asthma*.

PHRASES-TYPES. Le vrai *courage* est de savoir souffrir. (Voltaire.)

Le cocotier ne se plaît que sur les *sables* mouvants, où il laisse pendre ses fruits pleins de lait au-dessus des flots salés. (Bernadin de St-Pierre.)

E

Sont du masculin quoique terminés par un e muet :

114. Les noms en *ède*.

Exemples :		Noms féminins suivant la règle générale.
Un bipède,	du latin *bipedem*.	
Un intermède,	— *intermedium*.	
Un quadrupède,	— *quadrupedem*.	
Un remède,	— *remedium*.	

115. Les noms en *èdre*.

Un cèdre, du latin *cedrum* (accusatif).
Et tous les noms en *èdre*, des solides employés dans la géométrie, comme : un octaèdre, un polyèdre, etc.

---

(1) A. Brachet.

116. Les noms en *ège*.

Un arpège, de l'italien *arpeggio*.
Un barège, du nom de la ville de Barèges (Pyrénées).
Un collège, du latin *collegium*.
Un cortège, de l'italien *corteggio*.
Un manège, — *maneggio*.
Un piège, en italien *piedica*, du latin *pedica*.
Un privilège, du latin *privilegium*.
Un sacrilège, — *sacrilegium*.
Un sortilège, — *sortilegium*.

117. Les noms en *egme*.

Un apophtegme (maxime d'un sage), du grec *apophtegma*.
Le flegme, du latin *flegma*.

118. Les noms en *ègne*.

Un règne, du latin *regnum*, et son dérivé : un interrègne.

119. Les noms en *ème*, *ême*, *ëme*.

Un diadème, du latin *diadema*.
Un emblème, — *emblema*.
Un baptême, — *baptisma*.
Un poème, — *poema*.

De la crème fraîche.
Une légère trirème.

120. Les noms en *emme*.

Un dilemme, du latin *dilemma*.
Un gemme, — *gemma* (pierre).

121. Les noms en *ercle*.

Un cercle, du latin *circulus*.
Un couvercle, — *cooperculum*.

122.   Les noms en *ère*.

Un caractère, du latin *character*.	Une artère coupée.
Un hémisphère, — *hemisphærium*.	Une atmosphère épaisse.
Un ministère, — *ministerium*.	
Un presbytère, du grec *presbyterion*.	Une furieuse colère.
Et environ une trentaine d'autres.	Une chimère grimaçante.
	Une petite cuillère(1)
	Une folle enchère.
	La verte fougère.
	Une galère capitane.
	Une genouillère étroite.
	Une bruyante grenouillère.
	Une houillère profonde.
	Une nouvelle jachère
	Une profonde misère.
	Une petite œillère.
	Une panthère furieuse.
	Une patère dorée.
	Une primevère blanche.
	Une belle sphère.
	Une torchère flamblante.
	La vipère dangereuse

123.   Les noms en *erme*.

Le derme, la peau, du grec *derma*.	Une belle ferme.
L'épiderme, du latin *epidermis*.	
Un germe, — *germen*.	
Un terme, — *terminum*.	

---

(1) On écrit plus généralement *cuiller*. (V. le Dict. de l'Acad.)

124. Les noms en este.

Le ceste des Grecs, du latin *cestus*.
Un geste, — *gestus*.
Un manifeste, de *manifestus*, subst. verbal.
Un palimpseste, du grec *palimpsestos*, regratté.
Un reste, du verbe latin *restare*, rester, subst. verbal.

Une peste désastreuse
La sieste méridionale.
Une veste courte.

125. Les noms en *estre*.

Un orchestre, du grec *orchestra*.
Un palestre, du latin *palestra*.
Un semestre, — *semestris*.
Un trimestre, — *trimestris*.

126. Les noms en *ètre*, *être*.

Un mètre, du grec *metron*, mesure. Ses divisions et ses composés :
Un décimètre.
Un décamètre, etc.

Les noms terminés par *mètre*, employés dans la science et dans l'industrie.

Un baromètre,   la pression de l'air
Un chronomètre   le temps.
Un gazomètre,   la presssion du gaz
Un thermomètre   la chaleur.

(Mots signifiant qui mesure.)

Un être, mot qui est le verbe latin *esse*, être, employé substantivement.
Un hêtre, anciennement *hestre*, du bas allemand *hester*, hêtre.
Du salpêtre, du latin *sal petræ* (sel de roche).

Une grande fenêtre.
Une longue guêtre.

127. Les noms en *exte*.

Un prétexte, du latin *prætextum* (acc.).
Un texte, — *textum* (acc.).

128. Et les noms suivants en *ècle*, *ectre*, *epte*, *épître*, *ertre*, *èze*, qui sont seuls de leur terminaison:

Un siècle, du lat. *sæculum* ou *sæclum*.
Un spectre, — *spectrum*.
Un précepte, — *præceptum*.
Un sceptre, — *sceptrum*.
Un tertre, origine inconnue.
Un trapèze, du grec *trapeza*, table.

PHRASES-TYPES. Le *diadème* qui orne le front des rois n'est souvent armé que de pointes et d'épines qui le déchirent. (Massillon.)

Les grandes pensées n'ont pas besoin d'un *cortège* d'épithètes. (Mme Necker.)

I

Sont du masculin, quoique terminés par un e muet :

129. Les noms en *ible*.

Exemples :
Un combustible, du latin *combustum*.
Un comestible, de l'italien *commestibile*.
Un crible, du latin *cribrum*, par le changement de *r* en *l*.

Noms féminins suivant la règle générale.

130. Les noms en *ibre*.

Un calibre, de l'italien *calibro*.
L'équilibre, du latin *æquilibrium*.

Une longue fibre.

131.   Les noms en *ice*.

Un artifice,	du latin *artificium*.	
Un bénéfice,	—	*beneficium*.
Un délice (1),	—	*delicium*.
Un exercice,	—	*exercitium*.
Un hospice,	—	*hospitium*.
Un service,	—	*servitium*.
Un caprice, de l'italien *capriccio*		
(Et une vingtaine d'autres.)		

Une avarice odieuse.
Une cicatrice glorieuse.
Une épice piquante.
Une petite hélice.
Des immondices amoncelées.
Une injustice criante.
Une justice rigoureuse.
La lice ouverte.
Une malice enfantine
Une courageuse milice.
Une curieuse notice.
Une police vigilante.
De douces prémices
De la silice blanche.
Une grosse varice.

132.   Les noms en *ige*.

Un litige,	du latin *litigium*.	
Un prestige,	—	*præstigia*.
Un prodige,	—	*prodigium*.
Un quadrige,	—	*quadrigæ*.
Un vertige,	—	*vertigo*.
Un vestige,	—	*vestigium*.

Une tige droite.
Une légère volige.
Un gracieuse voltige.

---

(1) Délice est masculin au singulier et féminin au pluriel; cette bizarrerie apparente s'explique très bien par l'étymologie: délice vient de *delicium*, nom neutre singulier qui devient masculin en français, ainsi que nous l'avons dit n° 111, p. 94, et le nom féminin pluriel délices dérive de *deliciæ*, également féminin pluriel en latin.

133. Les noms en *ile, iltre*.

Un ancile,	du latin *ancile*.	Une argile grossière.
Un asile,	— *asylum*.	La bile amère.
Un concile,	— *concilium*.	Une longue file.
Un crocodile,	— *crocodilus*.	De l'huile épaisse.
Un domicile,	— *domicilium*.	Une île déserte.
L'Evangile,	— *Evangelium*.	Une grande pile.
Un fossile,	— *fossilis*.	Une presqu'île verdoyante.
Un mobile,	— *mobilis*.	
Un nautile,	— *nautilus*.	Une petite sébile.
Un projectile,	— *projectilis*.	Une lourde tuile.
Un reptile,	— *reptilis*.	Une sainte vigile.
Un ustensile,	— *ustensilia*.	
Un volatile,	— *volatilis*.	

Un campanile, de l'italien *campanile*.
Un filtre, du latin moyen âge *filtrum* (linge ou étoffe).
Un philtre, du grec *philtron*.

134. Les noms en *ire*.

Un cachemire, du nom de la ville de Cachemire.	Une cire molle.
Un délire, du latin *delirium*.	Une satire mordante.
Un dire, infinitif employé comme nom.	L'hégire musulmane
Un empire, du latin *imperium*.	Une tire-lire pleine.
Un navire, dub. lat. *navirium*, dér. de *navis*	
Un rire, du latin *risus, um*.	
Un sourire, — *subrisus*.	
Un vampire, être fantastique, d'origine serbe selon Adelung, savant allemand.	

135. Les noms en *isme*.

Un anachronisme, du gr. *anachronismos*.
Un barbarisme, du latin *barbarismus*.
Un catéchisme, — *catechismus*.
Le christianisme, — *christianismus*.

L'héroïsme, dérivé du latin *heros*, héros.
Un mécanisme, du latin *mecanismus*.
Un prisme, du grec *prisma*.
Un schisme, du latin *schisma*, n.

136. Les noms en *isque*.

Un astérisque, du grec *asteriscos*.
Un disque, du latin *discus*.
Un obélisque, du grec *obeliscos*.
Un risque, de l'espagnol *risco*, écueil.

Une lourde francisque.

137. Les noms en *istre*.

Le bistre, origine inconnue.
Un registre, du latin *registrum*.
Un sinistre, — *sinister*.

138. Les noms en *ithe*, *ithme*.

Un aérolithe, du grec latinisé *aer*, air et de *lithos*, pierre.
Un monolithe, du grec *monos*, seul, *lithos*, pierre.
Un zoolithe (partie d'un animal changé en pierre), du grec *zôon*, animal, *lithos*, pierre.
L'algorithme, science des nombres, mot arabe.
Un logarithme, du grec *logos*, proposition, et *arithmos*, nombre.

La grande oolithe (pierre offrant l'apparence d'œufs de poisson), du grec *ôon*, œuf; *lithos*, pierre.

139. Les noms en *itre*, *ître*.

Un arbitre, du latin *arbitrium*.
Un chapitre, — *capitulum*.
Un pupitre, — *pulpitum*.
Un titre, — *titulus*.
Un litre, du grec *litra*.
Le nitre, — *nitron*.

Une huître verte.
Une vitre transparente.
Une longue épître.
Une mitre blanche.

7

140. Les noms en *ivre*.

Un livre, du latin, *librum* (1).　　|　Une livre de cerises (1)
Le cuivre, — *cuprum*.
Le givre, origine inconnue.
Le vivre, infinitif employé comme nom.

141. Et les noms en *idre*, *iffre*, *ifre*, *irque*, *irre*, *isthme*, qui sont seuls de leur terminaison.

Du cidre, ancien français *sidre*, du latin *sicera*.
Un chiffre, de l'arabe *cifr*, zéro.
Un fifre, du patois allemand de la Suisse, *pfiffer*.
Un cirque, du latin *circus*.
Un squirre ou squirrhe, du grec *skirros*.
Un isthme, du latin *isthmus*.

PHRASES-TYPES. L'incrédulité est le *vice* des esprits faibles et bornés.　　　　　　　　(Massillon.)

La plus belle loi du *Christianisme*, c'est sans contredit le pardon des injures.

(Recueil de la morale en action).

●

Sont du masculin, quoique terminés par un *e* muet :

142. Les noms en *obre*.

Exemples :　　　　　　　　|　Noms féminins suivant la règle générale.
Octobre, du latin *october*.
Un opprobre, — *opprobrium*.

---

(1) Du latin *librum*, recueil ; *libram* (acc.), livre, poids. Les finales *um*, *am*, se sont transformées en *e* muet, d'où la parité du nom masculin : un livre, avec le nom féminin : une livre.

143. Les noms en *oce*.

Le négoce, du latin *negotium*.
Le sacerdoce, — *sacerdotium*.

Une joyeuse noce.

144. Les noms en *ocle*.

Un binocle, mot forgé depuis le commencement du siècle à l'aide du latin *bini oculi*, lunette à deux yeux.
Un socle, de l'italien *zoccolo*, socle.

145. Les noms en *oge*.

Un éloge, du latin *elogium*.
Un eucologe, du grec *euché*, prière, et *logos*, discours.
Un martyrologe, du grec latinisé *martyr*, et *logos*, discours.
Un nécrologe, du grec *necros*, mort, et *logos*, discours.

Une bonne horloge.
Une loge ouverte.
La toge romaine.

146. Les noms en *ogue*, *oke*.

Un apologue, du gr. *apologos*, récit.
Un catalogue, — *catalogos*, énumération.
Un dialogue, — *dialogos*, conversat.
Un épilogue, — *epi*, sur; *logos*, discours.
Un monologue, — *monos*, seul; *logos*, discours.
Un prologue, — *prologos*, discours préliminaire.
Un dogue, de l'anglais *dog*.
Du coke, — *coak* ou *coke*.

Une mauvaise drogue
Une églogue touchante.
Une pirogue légère.
La Synagogue juive.
Une vogue étonnante.

147. Les noms en *ome*, *ôme*.

Un arome, du latin *aroma*, *atis*, parfum.
Un atome, du grec *atomos*, qu'on ne peut diviser.

Un axiome, du grec *axioma*, proposition.
Un diplôme, du latin *diploma*, double.
Un dôme, de l'italien *domo*, coupole.
Un fantôme, du latin *phantasma, atis*, apparition.
Un gnome, du grec *gnomê*, intelligence.
L'hippodrome, du grec *hippodromos*, cheval, course.
Un idiome, du latin *idioma, atis*, propre, particulier.
Un nome, du grec *nomos* règle, division
Un symptôme, du grec *symptoma*, indice.
Un tome, du latin *tomus*, pris du grec *tomos*, partie d'un tout.

148. Les noms en *one, ône.*

Un cône, du latin *conus*.
Un cyclone, du grec *cyclos*, cercle, trombe tournoyante.
Un polygone, du grec *polygonos*, plusieurs angles.
Un trombone, de l'italien *trombone*.
Un prône, du latin *præconium*, annonce
Un trône, du latin *thronus*.

149. Les noms en *ope.*

Un héliotrope, du latin *heliotropium*.
Un horoscope, — *horoscopus*.
Un trope, — *tropus*.
Un kaléidoscope, du grec *calos*, beau; *eidos*, image; *scopeo*, je vois.
Un microscope, du grec *micros*, petit: *scopein*, voir.
Un télescope, du grec *telê*, de loin; et *scopeo*, je vois, j'observe.
Et quelques autres mots scientifiques, moins usités, de même terminaison.

L'hysope odoriférante
Une longue syncope.
Une lourde varlope.

150. Les noms en *orbe*.

Un euphorbe, du lat. *euphorbia*, f. plante.
Un orbe, — *orbis, orbem* (acc.).

151. Les noms en *ordre*.

Un ordre, du latin *ordinem* (acc.), par la contraction *ord'nem*, et le changement de *n* en *r*.

Et ses composés : un contre-ordre, un désordre.

152. Les noms en *ore*.

Le Bosphore, du grec *bous*, bœuf ; *poros*, passage.
Le chlore, du grec *chloros*.
Un ellébore, du latin *elleborum*.
Un madrépore, de l'italien *madrepora*.
Un météore, du grec *meteoros*.
Le phosphore, — *phosphoros*, porte-lumière.
Les pores, du latin *porus*, conduit.
Le pylore, du grec *pyloros*.
Un sémaphore, télégraphe marin, du grec *sèma*, signe ; *phoros*, qui porte.
Un store, du latin *storea* ou *storia*. fém. natte.

Une amphore pleine.
Une mandore plaintive.
Une belle métaphore.
L'aurore resplendissante.
Une mandragore fleurie.
Une pléthore ancienne.

153. Les noms en *osque, oxe*.

Un kiosque, m. emp. à la langue turque.
L'équinoxe, du latin *æquinoctium*.
Un paradoxe, du grec *paradoxos*, contraire à l'opinion commune.

La boxe anglaise.

154. Les noms en *oble, ofle, ogme, olfe*, qui sont seuls de leur terminaison.

Un vignoble, du latin *vini-opulens*, abondant en vin.

Le girofle, par corruption du latin *caryophillum*, girofle.
Un dogme, du latin *dogma*, n.
Un golfe, de l'italien *golfo*.

PHRASES-TYPES. Un *ordre* souverain préside à la conservation de l'univers.

Il y a sur les bords de la Saône de beaux *vignobles*, d'où le *négoce* de la Bourgogne tire sa richesse.

Sésostris divisa l'Egypte en trente-six *nomes* ou gouvernements.

U

Sont du masculin, quoique terminés par un e muet :

155. Les noms en *ube*.

Exemples :
Un cube, du lat. *cubus*.
Du jujube, — *ziziphum*.
Le marrube, plante, — *marrubium*.
Un tube, — *tubus*.

Noms féminins suivant la règle générale.
Une petite bube.

156. Les noms en *ucre*.

Le lucre, du latin *lucrum*.
Du sucre, — *saccharum*.

157. Les noms en *uffle, ufle*.

Un buffle, du latin *bufalus*, forme secondaire de *bubalus*.
Un muffle, de l'allemand *muffel, moffel*, chien à lèvres pendantes ; *muffan*, haut allemand, contracter la bouche.

158. Les noms en *uge*.

Un déluge, du lat. *diluvium*.
Un fébrifuge, — *febrifugia*, nom d'une plante fébrifuge.
Un refuge, — *refugium*.
Un subterfuge, — *subterfugium*.
Un vermifuge, — *vermis*, ver; *fugere*, fuir.
Un grabuge, origine inconnue.

159. Les noms en *uple*.

Le quadruple, du latin *quadruplus*.
Le quintuple, — *quintuplex*.
Le sextuple, — *sextuplus*.
Le décuple, — *decuplus*.
Le centuple, — *centuplus*.

160. Les noms en *uste*.

Un arbuste, du latin *arbustum* (acc.).
Un buste, de l'italien *busto*.

161. Les noms en *ustre*.

Un balustre, de l'italien *balaustro*.
Un lustre, subst. verbal dérivé du verbe latin *lustrare*, éclairer.

162. Les noms en *ulcre*, *uscle*, *usque*, *uxe* qui sont seuls de leur terminaison.

Un sépulcre, du lat. *sepulcrum*.
Un muscle, — *musculus*.
Un mollusque, — *mollusca*, fém.
Le luxe, — *luxus*.

PHRASES-TYPES. Dieu vous rendra au *centuple* ce que vous aurez retranché de votre *luxe* pour assurer un *refuge* au malheur.

L'Impératrice Théodora dit à Justinien, pendant l'insurrection Nika (532) César, si vous avez peur, vous pouvez fuir; voici la mer, et vous avez des vaisseaux; pour moi, je considère que le trône est un glorieux *sépulcre*.

Y

Sont du masculin, quoique terminés par un *e* muet :

163.   Les noms en *ycle*.

Exemples : | Noms féminins suivant la règle générale.
Le cycle; du grec *cyclos*. |
Un hémicycle; du latin *hemicyclium*, amphithéâtre. |

164.   Les noms en *yle*.

Le chyle; du grec *chylos*.
Un dactyle; du latin *dactylus*.
Un péristyle; du grec *peristylon*.
Le style; du latin *stylus*.

165.   Les noms en *yme*.

Un homonyme; du grec *omonymos*.
Un paronyme;   — *paronymos*.
Un synonyme;   — *synonymos*.

166.   Les noms en *ype*.

Un type; du latin *typus*, *um* (acc.), venu du grec *typos*, figure, modèle.
Et ses dérivés : un prototype, un stéréotype, etc.

167.   Les noms en *yre*.

Un collyre; du latin *collyrium*. | La lyre harmonieuse.
Un martyre;   — *martyrium*. |
Le porphyre;   — *porphyrites*. |

168. Les noms en *ygne, yphe, ypse, yrse, yrte, ysme, ysse, yste, ythme,* qui sont seuls de leur terminaison.

Un cygne; du latin *cygnus.*
Un hiéroglyphe; du grec *ieros,* sacré; et *glypho,* graver.
Le gypse;   du latin *gypsum.*
Un thyrse;   —   *thyrsus.*
Un myrte;   —   *myrtus.*
Un cataclysme; du grec *cataclysmos.*
Le bysse; du latin *byssus.*
Un kyste; du gr. *kystis,* vessie, vésicule.
Le rhythme; du latin *rhythmus.*

PHRASES-TYPES. Le *style,* c'est l'homme.   (Buffon.)
L'obélisque de Louqsor est couvert de curieux *hiéroglyphes.*

2ᵉ Section.

NOMS MASCULINS TERMINÉS PAR UNE VOYELLE COMPOSÉE
ai, au, eu, oi, ou,
SUIVIE D'UNE OU DEUX CONSONNES ET D'UN E MUET

Par A

RÈGLES PARTICULIÈRES.

Sont du masculin, quoique terminés par un e muet :

169.   Les noms en *aire.*

Exemples :	Noms féminins suivant la règle générale.
Un abécédaire; du latin *abecedarius.*	
Un anniversaire; — *anniversarius,* adjectifs employés comme noms.	Une affaire importante.
Un dictionnaire; dérivé de *dictionem,* action de dire.	
Un inventaire; du latin *inventarium.*	Une grande aire.
Un sanctuaire; — *sanctuarium.*	Une belle chaire.
Et environ une cinquantaine d'autres noms en *aire.*	La cinéraire purpurine.
	Une longue circulaire.

Des glaires abondantes.
Une grammaire française.
Une haire piquante.
La blanche matricaire
Une grosse molaire.
Une moustiquaire légère.
La nummulaire gracieuse.
Une paire de bœufs.
La petite pariétaire.
La verte saponaire.

PHRASE-TYPE. La justice s'est construit un *sanctuaire* éternel et incorruptible dans le cœur du sage Michel le Tellier.   (Bossuet.)

170.   Les noms en *aume*.

Exemples :
Le baume ; du latin *balsamum*.
Un chaume ; dérivé de *calamus*, roseau.
Le heaume ; — *helm*, mot d'origine germanique.
Un psaume ; du latin *psalmus* ; vieux français *psalme*.
Un royaume ; anciennem. *royalme*, dérivé du latin vulgaire *regalimen*.

La paume de la main.

171.   Le nom en *aive*, seul de sa terminaison.

Un glaive ; du latin *gladius*.

PHRASE-TYPE. Le *baume*, heureux Jourdain, parfume tes rivages.   (Delille.)

Par E

Sont du masculin, quoique terminés par un e muet :

172. Les noms en *euble*.

Exemples :
Un meuble ; du latin *mobilis*, qu'on peut remuer ; et par opposition :
Un immeuble ; du latin *immobilis*, qui ne peut être mû, comme une terre, une maison.

Noms féminins suivant la règle générale.

173. Les noms en *eurre*.

Du beurre ; du latin *butyrum*.
Un leurre ; mot d'origine germanique.

174. Les noms en *euple*, *eutre*, qui sont seuls de leur terminaison.

Un peuple ; du latin *populus*.
Un feutre ; mot d'origine germanique.

PHRASES-TYPES.

Ici, loin du tumulte, aux devoirs les plus saints,
Tout un *peuple* naissant est formé par mes mains.
(Racine.)
L'exemple est un dangereux *leurre*. (La Fontaine.)

Par O

Sont du masculin, quoique terminés par un e muet :

175. Les noms en *oître*.

Exemples :
Un cloître ; anciennem. *cloistre*, du latin *claustrum* ; par le changem. de *au* en *oi*.

Noms féminins suivant la règle générale.

Un goître; anciennem. *goêtre*. dérivé du latin vulgaire *gutter*, autre forme de *guttur*, gorge.

176. Les noms en *oivre, ouble, ouce, ouffle, ouffre, oufre*, qui sont seuls de leur terminaison.

Le poivre; du latin *piper*, en provençal *pebre*, d'où poivre par le changement de *i* en *oi*, et de *p* en *v* par l'intermédiaire de *b*.

Un double; du latin *duplum*, par le changem. de *u* en *ou* et de *p* en *b*.

Le pouce, ancien français *polce*, du latin *poll'cem* par contraction; d'où *pouce*, par le changement de *ol* en *ou*.

Un souffle; substantif verbal du verbe latin *sufflare*.

Un gouffre; à l'origine *golfre*, du grec *golpos*, abîme — ou du latin *gurges*, gouffre.

Du soufre; anciennem. *solfre*, du latin *sulfur*.

PHRASES-TYPES. Le *poivre* blanc et le *poivre* noir proviennent l'un et l'autre d'une même plante, le poivrier, originaire de Java et de Sumatra; leur différence de couleur est due au mode de préparation.

Le plus grand *gouffre* que l'on connaisse est celui de Maëlstrom, dans la mer de Norwège.

3ᵉ Section.

NOMS MASCULINS TERMINÉS PAR UN SON NASAL :
am, an, em, en, im, in, om, on,
SUIVI D'UNE OU DEUX CONSONNES ET D'UN E MUET.

Par A

RÈGLES PARTICULIÈRES.

Sont du masculin, quoique terminés par un e muet.

177. Les noms en *ambe*.

Exemples :	*Noms féminins suivant la règle générale.*
Un ambe ; du latin *ambo*, deux.	La jambe droite.
Un dithyrambe ; sorte de poésie, du latin *dithyrambus*.	
Un ïambe ; sorte de vers, du latin *ïambus*.	

178. Les noms en *ancre*.

Un cancre, crabe ;	du latin *cancer* qui s'emploie dans les deux acceptions.	La maîtresse ancre.
Un chancre, ulcère ;		

179. Les noms en *angle*.

Un angle ; du latin *angulus* ; et ses composés : un triangle, un rectangle.	Une sangle étroite.

180. Les noms en *anle, anthe*.

Un branle ;	origine inconnue.	
Un chambranle.		
Un agapanthe, du gr. *agapé*, amour, *anthos*, fleur		La gracieuse acanthe.
Un calycanthe, — *calyx*, calice, —		
Un hélianthe, — *hélios*, soleil, —		

181. Les noms en *amble, amphre, ampre, antre, anvre*, qui sont seuls de leur terminaison :

L'amble ; allure du cheval ; du verbe *ambulare*, marcher.
Du camphre ; de l'arabe *camphur*.
Un pampre ; du latin *pampinus* ou *pamp'nus*, par le changement de *n* en *r*.
Un antre ; du latin *antrum*.
Du chanvre ; dérivé du latin *cannabus*.

PHRASES-TYPES. Le *camphre* est une essence concrète, très volatile, extraite du laurier-camphrier, arbre originaire de l'Orient,

Trois étoiles de première grandeur, Sirius, de la constellation du Grand-Chien ; Procyon, du Petit-Chien, et Bételgeuse, d'Orion, forment un magnifique *triangle* équilatéral.

Par E

Sont du masculin, quoique terminés par un e muet :

182. Les noms en *emble*.

Exemples :
Un ensemble : du latin *insimul*.
Un tremble ; du latin et de l'italien *tremula*, qui tremble.

Noms féminins suivant la règle générale.

183. Les noms en *embre*.

Du gingembre ; à l'origine *gengibre* ; du latin *zinziber*, par le changement de *z* en *g*.
Un membre ; du latin *membrum*..

184.   Les noms en *emple*.

Un exemple ; du latin *exemplum*.
Un temple ;   —   *templum*.

185.   Les noms en *entre*.

Un centre ; du latin *centrum*.
Le ventre ;   —   *ventrem*, (acc.).

186. Le nom en *enre*, qui est seul de sa terminaison.

Le genre ; du latin *genere*, ablatif de *genus*.

PHRASES-TYPES. Asseyons-nous à l'ombre de ces beaux *trembles*, pour admirer l'*ensemble* gracieux de prés, de bois et de vignes qu'offre le paysage.

L'univers entier est un *temple* que Dieu remplit de sa gloire et de sa présence.   (Massillon.)

Par I

Sont du masculin, quoique terminés par un *e* muet :

187.   Les noms en *imbe*.

Exemples :	*Noms féminins suivant la règle générale.*
Le limbe d'une feuille, d'un astre ; du latin *limbus*, bord.	
Les limbes, lieu d'attente des âmes justes avant J. C.	
Un nimbe, cercle lumineux autour de la tête, auréole ; du latin *nimbus*, nuage.	

188.   Les noms en *inge*.

Un linge ; du latin *lineum*.	Les méninges, membranes qui enveloppent le cerveau.
Un singe ; — *simius*, singe.	

189. Les noms en *imbre*, *indre*, *intre*, qui sont seuls de leur terminaison.

Un timbre; du latin *tympanum*, tambour.
Un cylindre ; — *cylindrus*.
Un cintre ; subst. verbal du verbe *cincturare*, cintrer.

PHRASES-TYPES. Le *linge*, après avoir servi aux besoins de la vie, dans l'économie domestique, devient encore d'un usage précieux dans le pansement des plaies. (Percy.)

Le *timbre* du violon réunit la douceur et l'éclat.
(J.-J. Rousseau.)

Par O

Sont du masculin, quoique terminés par un *e* muet :

190. Les noms en *ombre*.

Exemples :	*Noms féminins suivant la règle générale.*
Un concombre ; du latin *cucumerem*.	
Des décombres ; — *cumulus*, tas, amas, devenu plus tard *cumbrus*, d'où le radical *combre*, précédé de la particule *dé*.	Une ombre fugitive. La pénombre indiquée.
Le jeu d'hombre ; de l'espagnol *hombre*, homme.	
Un nombre ; du latin *numerus*.	

191. Les noms en *ompte*.

Un compte ; du latin *computum* ou *comp'tum*, et ses composés :
Un acompte.
Un décompte.
Un escompte.
Un mécompte.

192. Les noms en *omble, omphe, ongle, oncle, onze*, qui sont seuls de leur terminaison :

Le comble ; du latin *cumulus*.
Les combles, charpentes ; du latin *culmen*, même signification.
Un triomphe ; du latin *triumphus*.
Un furoncle ; — *furunculus*.
Un ongle ; — *ungula*, fém.
Le bronze ; de l'italien *bronzo*.

PHRASES-TYPES. Insulter au malheur, c'est mettre le comble à l'inhumanité. (Mme de Puysieux.)

Le couvreur se glorifie d'avoir monté sur de hauts combles. (La Bruyère.)

Le plus beau *triomphe* est de se vaincre soi-même pour Dieu : celui-là ne sera point gravé sur le *bronze*, mais il sera inscrit dans le ciel.

Par Y

193. Le nom en *ynque*, qui est seul de sa terminaison :

Un ornithorynque ; du grec *ornis, ornithos*, oiseau, et *rhygkhos*, bec.

PHRASE-TYPE. L'*ornithorynque* est un animal particulier à la Nouvelle-Hollande.

QUESTIONNAIRE

              Les terminaisons en *e* muet, pour les noms masculins, ne s'expliquent-elles pas ordinairement par l'étymologie ?

98-193.   Comprennent-elles chacune un grand nombre de mots ?

104-169.   Quelles sont les deux terminaisons qui en comprennent le plus ?

              Citez un ou deux exemples de chacune ?

              Donnez quelques exemples d'autres noms masculins dont la syllabe muette finale est précédée d'une voyelle simple, suivie ou non d'une consonne :

98 à 113. *a*, comme dans *oracle, marasme*;

114 à 128. *e*, comme dans *collège, précepte*;

129 à 141. *i*, comme dans *édifice, anachronisme*;

142 à 154. *o*, comme dans *diplôme, ordre*;

155 à 162. *u*, comme dans *refuge, balustre*;

163 à 168. *y*, comme dans *style, myrte*.

169 à 192. Donnez aussi quelques exemples de noms masculins où la syllabe muette est précédée d'une voyelle composée comme dans *meuble, poivre*, ou d'un son nasal, comme dans *temple, triomphe*.

CHAPITRE III

TERMINAISONS FÉMININES RÉGULIÈRES.

194. Règle générale. Les noms terminés par un *e* muet sont, généralement parlant, du genre féminin. Nous avons vu déjà que la plupart des exceptions sont motivées par l'étymologie.

Exemples de terminaisons diverses.

Une glace.	Une noisette.
Une parade.	Une trêve.
Une cathédrale.	Une fiche.
Une flamme.	Une galerie.
Une nappe.	Une métairie.
Une jatte.	Une ligne.
Une rave.	Une charmille.
Une pièce.	Une mine.
Une rangée.	Une guérite.
Une tonnelle.	Une rive.
Une théière.	Une brioche.
Une thèse.	Une cabriole.
Une fresque.	Une récolte.
Une adresse.	Une somme.
Une arête.	Une colonne.
Une pomme.	Une ruse.
Une pelote.	Une serrure.
Une motte.	Une baie.
Une bûche.	Une bande.
Une massue.	Une baleine.
Une pilule.	Une pompe.
Une prune.	Une pelouse.
Une peinture.	etc., etc.

PHRASE-TYPE. Nous avons admiré les belles *peintures* de la grande *galerie* du Louvre; la *colonnade* et les *statues* dues au ciseau de Jean Goujon.

NOMS FÉMININS AUXQUELS S'APPLIQUE LA RÈGLE GÉNÉRALE

1re *Section*.

VOYELLES SIMPLES.

A

Sont du genre féminin :

195.   Les noms en *ace, ache, âche*.

Exemples :	*Exceptions* :
Une glace.	Un espace restreint.
Une place.	Un grand rapace.
Une préface.	Un panache blanc.
Une race.	Du relâche ; répit.
Une rosace, etc.	
Une hache.	
Une moustache.	
Une tache.	
Une bâche.	
Une relâche (d'un navire.)	
Une tâche, etc.	

196.   Les noms en *ade*.

Exemples :	*Exceptions* :
Une arcade.	Un grade nouveau.
Une ballade.	Un digitigrade.
Une bourgade.	Un plantigrade.
Une cascade.	Un jade chinois.
Une façade.	Le stade ancien.
Une grenade.	
Une promenade.	
Une torsade, etc.	

197. Les noms en *afe, affe, ague, aille.*

Exemples :	Pas d'exception.
Une carafe.	
Une girafe.	
Une pataraffe (familier).	
Une bague.	
Une vague.	
Une bataille.	
Une écaille, etc.	

198. Les noms en *ale.*

Exemples :	Exceptions :
Une amygdale.	Un acéphale curieux.
Une cale.	Un astragale tortueux.
Une capitale.	Du chrysocale brillant.
Une cathédrale.	Le crotale venimeux.
Une céréale.	Un dédale capricieux.
Une cymbale.	Un châle long.
La morale.	Un pétale incarnat.
Une pédale.	Un ovale parfait.
De la percale.	Un beau râle (oiseau).
Une rafale.	Le râle de la mort.
Une réale.	Un scandale affreux.
Une sandale.	
Une spirale.	
Une succursale.	
Une tymbale, etc.	

199. Les noms en *alle.*

Exemples :	Exception :
Une balle.	Un intervalle suffisant.
Une dalle.	
Une malle.	
Une salle	

200. Les noms en *alve*.

Exemples :
Une salve.
Une valve.

Pas d'exception.

201. Les noms en *amme*.

Exemples :
Une anagramme.
Une épigramme.
Une flamme.
Une oriflamme.

Exceptions :
Un gramme, ses divisions et ses composés, décigramme, kilogramme, etc.
Un monogramme curieux.
Un long programme.

202. Les noms en *ane*.

Exemples :
Une banane.
Une cabane.
Une chicane.
De la filigrane.
De la frangipane.
Une gentiane.
Une liane.
Une membrane.
Une savane.

Exceptions :
Un arcane mystérieux.
Un crâne plat.
Les mânes plaintifs.
Un organe délicat.
Un beau platane ou plane.

203. Les noms en *anne*, *ape*, *appe*.

Exemples :
Une canne.
Une manne (sorte de panier).
La manne (pr. mâne).
Une vanne.
Une attrape.
Une soupape.
Une grappe.
Une nappe, etc.

Pas d'exception.

204. Les noms en *aque*.

Exemples :
Une attaque.
Une baraque.
Une casaque, etc.
Une plaque.
De la thériaque, etc.

Exceptions :
Un braque blanc.
Un cloaque infect.
Le zodiaque.

205. Les noms en *arbe, arche, arde*.

Exemples :
Une barbe.
De la rhubarbe.
Une arche.
Une marche.
Une cocarde.
Une guimbarde, etc.

Pas d'exception.

206. Les noms en *are*.

Exemples :
Une fanfare.
Une gare.
Une guitare.
Une mare.
Une tare.
Une tiare,
   etc.

Exceptions :
Un arc; ses divisions et ses composés :
Un centiare.
Un hectare.
Un cigare brûlant.
Un phare brillant.

207. Les noms en *arge*.

Exemples :
Une charge.
Une marge, etc.

Exception :
Gagner le large.

208. Les noms en *arme*.

Exemples :
Une alarme.
Une arme.
Une larme.

Exceptions :
Un charme puissant.
Un vacarme assourdissant.

209. Les noms en *arne, arpe, arque, arte*.

Exemples :	*Pas d'exception :*
Une lucarne.	
De la marne.	
Une carpe.	
Une écharpe.	
Une barque.	
Une marque.	
Une carte.	
Une tarte, etc.	

210. Les noms en *arre*.

Exemples :	*Exceptions :*
Une bagarre.	Un grand bécarre.
Une barre.	Un tintamarre étourdissant.
Une escarre.	
Une jarre.	
Une simarre.	

211. Les noms en *artre*.

Exemples :	*Exception :*
Une chartre.	Du tartre épais.
Une martre.	

212. Les noms en *ase*.

Exemples :	*Exceptions :*
Une base.	Un grand gymnase.
Une case.	Un beau vase.
De l'emphase.	Un ukase indulgent.
Une phrase.	
De la vase, etc.	

213. Les noms en *asque*.

Exemples :	*Exceptions :*
Une basque.	Un casque romain.
Une bourrasque.	Un flasque cassé.

Une frasque.
Une vasque.

Un masque hideux.

214.   Les noms en *asse*.

Exemples :
Une basse.
Une calebasse.
Une échasse, etc.

Pas d'exception.

215.   Les noms en *ate, âte*.

Exemples :
Une agate.
Une cantate.
Une cravate.
Une date.
Une frégate.
Une omoplate.
De la ouate.
De la pâte;
Une tomate.
La Vulgate, etc.

Exceptions :
Un aromate précieux.
Un automate merveilleux.
Un carbonate dangereux.
Du nitrate d'argent.
Un phosphate de chaux.
Du sulfate de quinine.
Un stigmate flétrissant.

216.   Les noms en *atte*.

Exemples :
Une baratte.
Une datte (fruit).
Une jatte.
Une patte, etc.

Pas d'exception.

217.   Les noms en *ave*.

Exemples :
Une betterave.
La lave.
Une rave, etc.

Exception :
Un conclave nombreux.

218.   Les noms en *axe*.

Exemples : | *Exception* :
La syntaxe. | Le grand axe.
Une taxe. |

219.   Les noms en *aze*.

Exemples : | *Pas d'exception.*
De la gaze. |
Une topaze. |

220. Les noms en *achme, afle, algue, âpre, arce, argne, arve*, qui sont seuls de leur terminaison.

Une drachme (pr. dragme).
Une râfle.
Une algue.
Une câpre.
Une farce.
Une épargne.
Une larve.

PHRASES-TYPES. Entre les productions variées des climats chauds, citons la précieuse *canne à sucre*, la productive *banane*, la *patate* farineuse, la verte *pistache*, les *dattes* savoureuses et la *grenade* rafraîchissante ; mentionnons encore la *cassave*, extraite du manioc, et la *casse*, employée en médecine.

Oser dire la vérité à quelqu'un qu'on aime, est une grande *marque* d'affection et de vertu.

E

Sont du genre féminin :

221.   Les noms en *èbe, èbre*.

Exemples : | *Exception* :
La glèbe. | Le zèbre élégant.
La plèbe. |
L'algèbre. |
Les ténèbres. |

222. Les noms en èce.

Exemples :
Une espèce,
Une pièce, etc.

Pas d'exception.

223. Les noms en èche, êche.

Exemples :
Une brèche.
Une flèche.
Une bêche.
Une dépêche, etc.

Exception :
Un prêche protestant.

224. Les noms en ée.

Exemples :
Une allée.
Une armée.
Une croisée.
Une dictée.
Une dragée.
Une épée.
La fumée.
Une fusée.
La gelée.
Une giboulée.
Une guinée.
Une jetée.
Une idée.
Une mêlée.
Une mosquée.
Une odyssée.
Une pensée.
Une ramée.
Une travée.
Une traversée.
Une vallée,
etc., etc.

18 *exceptions*, pour la plupart d'étymologie grecque :
L'apogée d'une planète.
Un caducée merveilleux.
Un camée précieux.
Le colysée romain.
Un coryphée fameux.
Le divin empyrée.
Un gynécée important.
Un heureux hyménée.
Un lycée savant.
Un grand mausolée.
Un musée curieux.
Un plaisant pygmée.
Le périgée d'une planète.
Le prytanée athénien.
Un rez-de-chaussée malsain.
Un brillant scarabée.
Un spondée.
Un trophée vainqueur.

225. Les noms en *eille*.

Exemples :
Une abeille.
Une corbeille.
Une merveille, etc.

Pas d'exception.

226. Les noms en *elle*.

Exemples :
Une citadelle.
La moelle (pr. moile).
Une nacelle.
Une pelle.
Une querelle.
Une ruelle.
Une tutelle.
Une vielle.
Une voyelle,
etc., etc.

Exceptions :
Un libelle diffamant ; de l'italien *libello*.
Un divertissant polichinelle ; de l'italien *polecenella* ; forme napolitaine de *pulcinella*.
Un léger vermicelle ; de l'italien *vermicelli*.
Le violoncelle expressif ; de l'italien *violoncello*.
Un beau spinelle (sorte de rubis).

227. Les noms en *ène, êne*.

Exemples :
Une arène.
Une carène.
La Cène.
L'ébène.
Une gêne.
L'hygiène.
Une rêne.
Une scène, etc.

Exceptions :
L'hydrogène détonnant.
L'oxigène vivifiant.
Un phénomène curieux.
Un pêne d'acier.

228. Les noms en *enne*.

Exemples :
Une antenne.
Une étrenne.
Une garenne, etc.

Exception :
Le renne précieux aux Lapons.

229. Les noms en *èpre, èpres, èque, erche.*

Exemples :
La lèpre.
Les vêpres.
Une bibliothèque.
Une hypothèque.
Une perche.
Une recherche, etc.

Pas d'exception.

230. Les noms en *ière* (1).

Exemples :
Une aiguière.
Une chaumière.
Une crinière, etc., etc.

Exception :
Un grand cimetière.

231. Les noms en *erge.*

Exemples :
Une auberge.
Une berge.
De la serge, etc.

Exception :
Un cierge éteint.

232. Les noms en *erne.*

Exemples :
Une baliverne.
Une caserne.
Une giberne.
Une lanterne.
De la luzerne, etc.

Exceptions :
L'alaterne toujours vert.
Un terne heureux.
Un verne verdoyant.

233. Les noms en *erse, erte, erve.*

Exemples :
Une averse.
Une alerte.
Une réserve, etc.

Pas d'exception.

---

(1) Cette diphtongue doit trouver ici sa place à cause de la désinence *ère.*

234. Les noms en *èse*.

Exemples :
Une antithèse.
La Genèse.
Une hypothèse.
Une parenthèse, etc.

Exceptions :
Un grand dièse.
Un bon diocèse.

235. Les noms en *esque, esse, ète, ête*.

Exemples :
Une arabesque.
Une finesse.
Une arbalète.
Une arête, etc.

Pas d'exception.

236. Les noms en *ette*.

Exemples :
Une aigrette.
Une alouette.
Une ariette.
Une baguette.
Une corvette, etc.

Exception :
Un squelette hideux.

237. Les noms en *ève, êve*.

Exemples :
Une fève.
Une grève.
Une trêve,
   etc.

Exception :
Un rêve menteur.

238. Les noms en *effe, erpe, ettre*, qui sont seuls de leur terminaison :

Une greffe.
Une serpe.
Une lettre.

PHRASES-TYPES. Cette *treille* et la *tonnelle* du fond du jardin sont exposées en plein à la *lumière* et à la chaleur du soleil, parce qu'elles sont formées d'une espèce de vigne originaire des *contrées* chaudes de l'Europe.

Charles V jeta les fondements de la *bibliothèque* royale.

I

Sont du genre féminin:

239.   Les noms en *iche*.

Exemples :	*Exceptions* :
Une affiche.	Un mauvais acrostiche.
Une bourriche.	Un laid fétiche.
Une fiche.	Un excellent hémistiche.
Une friche.	
Une niche,	
etc , etc.	

240.   Les noms en *ie*.

Exemples :	*Exceptions* :
Une académie.	Un amphibie monstrueux.
Une bergerie.	L'aphélie d'une planète.
Une galerie.	Un bain-marie brûlant.
Une manie.	Un incendie dévorant.
La modestie.	Un parapluie ouvert.
Une névralgie.	Un parhélie lumineux.
Une ophthalmie.	Un gros pavie.
La patrie.	Le périhélie d'une planète.
La phthisie.	
La pluie.	
Une série.	
Une théorie.	
La vie,	
etc., etc.	

241.   Les noms en *iffe, igue.*

Exemples :	*Pas d'exception.*
Une griffe.	
Une figue, etc.	

242.   Les noms en *ille.*

Exemples :	*Exceptions :*
Une anguille.	Un codicille étonnant (pron. cile).
Une bille.	
Une charmille.	Un quadrille joyeux.
Une quille.	Le mille anglais (pr. mile).
Une torpille.	Un vaudeville amusant (pr. vile)
De la vanille.	
Une ville (pron. vile), etc.	

243.   Les noms en *ime, îme.*

Exemples :	*Exceptions :*
Une cime.	Un abîme profond.
La dîme.	Un crime odieux.
Une lime.	Un centime neuf.
Une frime.	Un décime brillant.
Une maxime.	Le millésime.
Une pantomime.	Un régime fortifiant.
Une prime.	Le sublime.
Une rime.	
Une victime, etc.	

244.   Les noms en *ine.*

Exemples :	*Exceptions :*
Une aubépine.	Le platine pesant.
Une colline.	Un quine heureux.
Une doctrine.	
La marine.	
Une praline.	
Une sourdine.	
La vaccine, etc., etc., etc.	

245. Les noms en *ipe*.

Exemples :
Une pipe.
Une tulipe.
Des tripes.

Exceptions :
Un participe masculin.
Un principe fécond.

246. Les noms en *ippe*, *ipse*.

Exemples :
Une grippe.
Des nippes.
Une éclipse.
Une ellipse, etc.

Pas d'exception.

247. Les noms en *ique*.

Exemples :
Une basilique.
Une brique.
Une encyclique.
Une fabrique.
La musique.
Une panique.
La physique.
Une pique.
La politique.
La pratique.
Une relique.
Une réplique.
Une république.
La rhétorique.
Une rubrique.
Une sciatique.
La scolastique.
Une silique.
Une supplique.
Une tactique.

Exemples :
Un antique précieux.
Le calorique latent.
Un pieux cantique.
Un caustique actif.
Un distique parfait.
Un fort élastique.
L'émétique violent.
Un encaustique gras.
Un excellent graphique.
Le moustique importun.
Un narcotique dangereux.
Un beau panégyrique.
Un physique gracieux.
Un joyeux pique-nique.
Un portique élégant.
Un bon soporifique.
Un puissant spécifique.
Un excellent sudorifique.
Un tonique puissant.
Un bon topique.

Une tique.
Une tonique (t. de musique).
Une tunique.
Une véronique, etc., etc.

Le beau tragique.
Le brûlant tropique.
Le viatique divin.

248. Les noms en *ise*.

Exemples :
Une cerise.
Une devise.
Une marchandise, etc., etc.

Exception :
Le cytise printanier.

249. Les noms en *isse, iste*.

Exemples :
Une écrevisse.
Une pelisse.
La mélisse.
De la batiste.
Une liste, etc.

Exception :
Le narcisse odorant.
Un ciste blanc.
Le schiste ardoisier.

250. Les noms en *ite*.

Une clématite.
La conduite.
Une fuite.
Une laryngite.
Une orbite.
Une poursuite.
Une redite.
Une réussite.
Une stalactite.
Une suite.
Une truite.
Une visite, etc., etc.

Un bon gîte.
Le graphite gris-noirâtre.
Un lignite brun (pr. lig-nite)
Un mérite éminent.
Un plébiscite fameux.
Un rite religieux.
Un satellite brillant.
Un sorite ingénieux.
Un site enchanteur.
Le termite dévastateur.

251. Les noms en *ive*.

Exemples :
Une alternative.
Une gencive.
La rive, etc.

Pas d'exception.

252. Les noms en *ibe*, *icte*, *ifle*, *ixe*, qui sont seuls de leur terminaison :

Une bribe.
La vindicte publique.
Une gifle (populaire).
Une rixe.

PHRASES-TYPES. Il convient d'opposer de saines *doctrines*, aux *utopies* dangereuses.

Sous la *république* romaine, on vit fleurir des vertus morales qui disparurent sous l'empire.

O

Sont du genre féminin :

253. Les noms en *oche*.

Exemples :	*Exceptions* :
Une brioche.	Un coche bruyant.
Une cloche.	Un grand médianoche ; de l'espagnol *media noche* (repas après minuit (1).
Une hoche.	
Une loche (poisson).	
Une pioche.	Un reproche sérieux.
Une roche.	Un petit tourne-broche.
Une sacoche, etc.	

254. Les noms en *ode*.

Exemples :	*Exceptions* :
Une commode.	Le code français.
Une méthode.	Un épisode intéressant.
Une mode.	Le mode mineur.
Une pagode.	Le plus haut période (degré).
Une période (époque).	Un synode général.
Une ode.	

(1) Terme introduit par Anne d'Autriche.

Les noms en *ogne*.

Exemples :	Pas d'exception.
Une besogne.	
Une vigogne.	

255. Les noms en *ole, ôle*.

Exemples :	Exceptions :
Une auréole.	Un alvéole plein de miel.
Une boussole.	Un monopole abusif.
Une cabriole.	Du pétrole brûlant.
Une carriole.	Un premier protocole.
Une école.	Un symbole religieux.
Une fiole.	Un sérieux contrôle.
Une gloriole.	Un grand môle.
Une gondole.	Le pôle glacial.
Une idole.	Un beau rôle.
Une obole.	
Une geôle.	
De la tôle, etc., etc.	

256. Les noms en *olle, olte*.

[Exemples :	Pas d'exception.
Une barcarolle.	
De la colle.	
Une récolte.	
Une révolte, etc.	

257. Les noms en *omme*.

Exemples :	Exception :
Une pomme.	Un somme réparateur.
Une somme, etc.	

258. Les noms en *onne, ophe, oppe*.

Exemples :	Pas d'exception.
Une colonne.	
Une couronne.	
Une strophe.	
Une échoppe, etc.	

259. Les noms en *oque*.

Exemples :
Une bicoque.
Une équivoque.
Une loque.
Une toque, etc.

Exceptions :
Un colloque secret.
Le phoque inoffensif.
Un pieux soliloque.

260. Les noms en *orce*.

Exemples :
Une amorce.
La force.
Une écorce.

Exceptions :
Le divorce non permis.

261. Les noms en *orde*.

Exemples :
La concorde.
Une corde.
Une horde (h aspiré).
La miséricorde.

Exceptions :
Un exorde éloquent.
Un monocorde.
Un tétracorde.

262. Les noms en *orge*.

Exemples :
Une forge.
Une gorge.
De l'orge.

Exceptions :
L'orge mondé ou perlé.
Le rouge-gorge délicat.

263. Les noms en *orme*.

Exemples :
Une corme.
Une forme.
Une réforme, etc.

Exceptions :
Un grand orme.
Un brillant uniforme.

264. Les noms en *orne*.

Exemples :
Une borne.
Une corne.
Une licorne, etc.

Exceptions :
Le capricorne zodiacal.
Un morne escarpé.

265. Les noms en *orte, ose*.

Exemples :
Une cohorte.
Une porte.
Une alose.
Une dose, etc.

Pas d'exception.

266. Les noms en *osse*.

Exemples :
Une brosse.
Une cosse.
Une crosse.
Une fosse, etc.

Exceptions :
Un carrosse peint.
Un colosse orgueilleux.
Un molosse (nom d'une espèce de chien).

267. Les noms en *oste*.

Exemples :
Une imposte.
La poste.
Une riposte, etc.

Exception :
Un poste important.

268. Les noms en *ote, ôte*.

Exemples :
Une anecdote.
Une compote.
Une côte, etc.

Exceptions :
Un antidote souverain.
Un vote consciencieux.

269. Les noms en *otte*.

Exemples :
Une botte.
Une flotte.
Une hotte, etc.

Pas d'exceptions.

270. Les noms en *ocre, offe, orque, ove,* qui sont seuls de leur terminaison.

De l'ocre.
Une étoffe.
La remorque.
Une alcôve.

PHRASES-TYPES. De cette *roche* élevée, nous suivions du regard les gaies *cabrioles* d'un troupeau de chèvres, ou la *cigogne* se promenant gravement sur le bord du fleuve, lorsqu'une *catastrophe* faillit arriver sous nos yeux. Un pêcheur venait de prendre une *alose*, quand sa barque chavira ; mais à l'aide d'une *corde* qu'on lui lança, il put lutter contre la *force* du courant et gagner le rivage.

La puissante *flotte* des Turcs fut anéantie au combat de Navarin.

U

Sont du genre féminin :

271. Les noms en *uce, uche, ûche.*

Exemples :
L'astuce.
Une cruche.
Une ruche.
Une bûche.
Une embûche, etc.

Pas d'exception.

272. Les noms en *ude.*

Exemples :
Une attitude.
Une étude.
La mansuétude, etc.

Exception :
Un prélude harmonieux.

273. — Les noms en *ue*.

Exemples :
Une avenue.
Une bévue.
Une charrue.
Une issue.
Une recrue,
 etc.

Pas d'exception.

274. Les noms en *ule*.

Exemples :
Une bascule.
Une cellule.
Une férule.
Une pendule.
Une pustule.
Les scrofules.
Une virgule, etc.

Exceptions :
Un manipule blanc.
Un module exact.
Un gros nodule.
Un long pendule.
Un scrupule léger.

275. Les noms en *ume*.

Exemples :
L'amertume.
La brume.
Une coutume.
De l'écume.
Une enclume.
Une plume.

Exceptions :
Le bitume fumant.
Un beau costume.
Un légume sec.
Un rhume fatigant.
Un gros volume.

276. Les noms en *une*, *uque*.

Exemples :
Une dune.
La fortune.
Une lacune.
Une perruque.
La nuque, etc.

Pas d'exception.

277. Les noms en *ure, ûre.*

Exemples :
Une aventure.
De la bure.
Une cure.
Une gerçure.
Une mûre.
Une piqûre.
Une serrure, etc.

Exceptions :
Un bon augure.
Un doux murmure.
Un odieux parjure.
Un sulfure dangereux.

278. Les noms en *use.*

Exemples :
Une arquebuse.
De la céruse.
Une muse, etc.

Pas d'exception.

279. Les noms en *ute, ûte.*

Exemples.
Une brute.
Une chute.
Une flûte.

Exception :
Un parachute sauveur.

280. Les noms en *utte, uve.*

Exemples :
Une butte.
Une hutte.
Une cuve.
Une étuve, etc.

Pas d'exception.

281. Les noms en *uble, uffe, ugue, ulbe, upe, uppe, usse,* qui sont seuls de leur terminaison :

Exemples.
Une chasuble.
Une truffe.
Une fugue.

Une bulbe. (1)
Une jupe.
Une huppe.
Une aumusse.

PHRASES-TYPES. Quittons la *ruche* d'abeilles pour aller au bois où l'on récolte la *truffe*; suivons la grande *avenue*; voyons cette *multitude* d'oiseaux qui picotent la *prune* ou la *mûre*, et reposons-nous au retour sur cette *butte* gazonnée.

Bayard, en 1524, fut blessé à mort par une *arquebuse*.

Pour se passer de religion, il faut être un Dieu ou une *brute*. (Aristote.)

Y

Sont du genre féminin:

282.   Les deux noms en *ydre*.

Une hydre.
Une clepsydre.

283. Les noms en *ye*, *ylle*, *ypte*, *yrrhe*, *yse*, qui sont seuls de leur terminaison.

Une abbaye (pron. abbai-ie).
Une idylle.
Une crypte.
De la myrrhe.
Une analyse.

PHRASE-TYPE. Parmi les présents que le calife Haroun-Al-Raschid offrit à Charlemagne, figurait une *clepsydre* ou horloge à eau, ouvrage merveilleux pour le temps.

---

(1) Quelques-uns le font masculin, et écrivent : un bulbe.

NOMS FÉMININS AUXQUELS S'APPLIQUE LA RÈGLE GÉNÉRALE

2ᵉ Section

VOYELLES COMPOSÉES.

Par A

Sont du genre féminin :

284. Les noms en *aie, aigne.*

Exemples :
Une baie.
Une haie.
Une plaie.
Une châtaigne.
Une musaraigne, etc.

Pas d'exception.

285. Les noms en *aine, aîne.*

Exemples :
Une chaîne.
Une plaine.
Une quarantaine, etc., etc.

Exception :
Un beau domaine.

286. Les noms en *aise.*

Exemples :
Une chaise.
Une fraise.
De la glaise, etc.

Exception :
Un malaise alarmant.

287. Les noms en *aisse.*

Exemples :
Une baisse.
Une caisse, etc., etc.

Pas d'exception.

152 F.C. AITE, AILE, AUBE, AUDE, AUGE, AULE, AUSE, AUSSE, AUVE, AUCE, AUFRE, AUPE, AURE, AUTE.

288. Les noms en *aite*.

Exemples :
Une défaite.
Une retraite.
Une traite,
  etc.

Exception :
Un faîte majestueux.

289. Le nom en *aile*.

Une aile.

290. Les noms en *aube*, *aude*, *auge*.

Exemples :
L'aube.
Une chiquenaude.
Une fraude.
Une auge, etc.

Pas d'exception.

291. Les noms en *aule*.

Exemples :
Une épaule.
Une gaule, etc.

Exception.
Un saule pleureur.

292. Les noms en *ause*, *ausse*, *auve*.

Exemples :
Une clause.
Une pause.
Des chausses.
La hausse.
De la guimauve, etc., etc.

Pas d'exception.

293. Les noms en *auce*, *aufre*, *aupe*, *aure*, *aute*, qui sont seuls de leur terminaison :

Une sauce.
Une gaufre.
Une taupe.
Une laure (monastère de la Thébaïde).
Une faute.

PHRASES-TYPES. Avez-vous visité la Normandie, ses *plaines* fertiles, couvertes d'herbages, ses belles *pommeraies*, et ses curieuses *falaises*, dites des Vaches-Noires, où la mer se brise en écumant?

Une *taupe* malavisée a bouleversé les racines de mes belles *mauves*.

Par E

Sont du genre féminin:

294.   Les noms en *eige*.

Exemples: | *Pas d'exception.*
La neige. |
Une beige. |

295.   Les noms en *eigne*.

Exemples: | *Exception.*
Une empeigne. | Un peigne brillant.
Une enseigne, etc. |

296.   Les noms en *eine*.

Exemples: | *Pas d'exception.*
L'haleine. |
La peine, etc. |

297.   Les noms en *eue, eule, eure, eute*.

Exemples : | *Pas d'exception.*
Une lieue. |
Une queue. |
Une meule. |
Une demeure. |
Une heure. |
Une gageure (pron. gajure.) |
Une émeute. |
Une meute, etc. |

298. Les noms en *euve*.

Exemples :
Une épreuve.
Une preuve,
etc.

Exception :
Un fleuve majestueux.

299. Les noms en *euvre, œuvre*.

Exemples :
Une couleuvre.
Une manœuvre.
Une œuvre.

Exceptions :
Un chef-d'œuvre parfait.
Un grand œuvre.

PHRASES-TYPES. La *couleuvre* a la *gueule* dépourvue de crochets à venin : c'est un reptile inoffensif pour l'homme.

La *baleine*, d'un coup de sa *queue*, peut faire chavirer une grande embarcation.

Par O

Sont du genre féminin :

300. Les noms en *oie*.

Exemples :
Une courroie.
La joie.
Une proie, etc.

Exception :
Un foie gras.

301. Les noms en *oile*.

Exemples :
Une étoile.
De la toile.
Une voile de navire.

Exception :
Un grand voile de tulle.

302. Les noms en *oine*.

Exemples :
De l'avoine.
Une calcédoine.
Une macédoine.
Une pivoine.
Une sardoine.
La stramoine, etc.

Exception :
L'antimoine brillant.
Un patrimoine important.
Le péritoine humain.

303. Les noms en *oise, oisse, oite, oîte*.

Exemples :
Une ardoise.
Une toise.
Une angoisse.
Une paroisse.
La droite.
Une boîte.
etc., etc.

Pas d'exception.

304. Le nom en *oiffe*, seul de sa terminaison.

Une coiffe.

305. Les noms en *ouche*.

Exemples :
Une cartouche (charge d'une arme à feu).
Une douche.
Une souche, etc.

Exception :
Un cartouche peint (ornement de peinture ou de sculpture).

306. Les noms en *oucle, oudre*.

Exemples :
Une boucle.
Une escarboucle.
La foudre.
La poudre, etc.

Exceptions :
Un foudre de guerre.
Un foudre, tonneau.

307.   Les noms en *oue, ouille*.

Exemples :	*Pas d'exception.*
Une joue.	
Une roue.	
Une andouille.	
La rouille, etc.	

308.   Les noms en *oufle*.

Exemples :	*Exception :*
Une moufle ; poulies.	Un moufle trop chaud ; (petit four).
Des moufles ; gants.	
Une pantoufle.	

309.   Les noms en *oule*.

Exemples :	*Exception :*
Une foule.	Un beau moule de statue.
Une moule (coquillage), etc.	

310.   Les noms en *oupe*.

Exemples :	*Exception :*
Une chaloupe.	Un groupe gracieux.
Une coupe, etc.	

311. Les noms en *ourbe, ource, ourde, ourme, ourre, ourse, ouse, ousse, ouste.*

Exemples :	*Pas d'exception.*
Une courbe.	
Une source.	
Une gourde.	
Une gourme.	
De la bourre de soie.	
Une bourse.	
Une blouse.	
Une housse.	
Une langouste.	

312. Les noms en *oute, oûte, outte*.

Exemples :	Exception :
Une route.	Un doute blessant.
Une voûte.	
Une goutte, etc.	

313. Les noms en *outre*.

Exemples :	Exception :
Une poutre.	Un coutre de charrue
Une outre, etc.	bien tranchant.

314. Les noms en *ouve, ouffe, ougue, ouppe, ourche, oure, ourge, ourte*,
qui sont seuls de leur terminaison.

Une douve.
Une louve.
Une touffe.
La fougue.
Une houppe (h. aspiré).
Une fourche.
La bravoure.
Une courge.
Une tourte.

PHRASES-TYPES. La caravane s'arrête près d'une oasis : une *source* abondante y coule ; hommes et chameaux s'y désaltèrent ; on y remplit de grandes *outres*, et la *course* aventureuse se poursuit à travers le désert.

Durant l'incendie de la cathédrale de Rouen, on vit de grandes *gargouilles* vomir des jets de métal fondu.

NOMS FÉMININS AUXQUELS S'APPLIQUE LA RÈGLE GÉNÉRALE

3ᵉ Section

SONS NASAUX

Par A

Sont du genre féminin :

315.   Les noms en *ainte*.

Exemples :	*Pas d'exception.*
Une crainte.	
Une plainte, etc.	

316.   Les noms en *ambre*.

Exemples :	*Exception* :
Une chambre.	De l'ambre gris.
Une antichambre.	

317.   Les noms en *ampe*.

Exemples :	*Pas d'exception.*
Une estampe.	
Une rampe, etc.	

318.   Les noms en *ance*.

Exemples :	*Pas d'exception.*
L'abondance (1).	
La constance.	
L'enfance.	
L'espérance.	

---

(1) Les noms en *ance* ont conservé le genre et la terminaison des noms latins féminins dont ils sont la plupart dérivés : abondance, constance, etc., de *abundantia, constantia*, etc., par le changement du *t* en *c*, et des syllabes finales en *e* muet.

La garance.
Une séance,
La vaillance,
    etc., etc.

319.   Les noms en *anche*.

Exemples :
Une avalanche.
Une branche.
Une manche d'habit,
    etc.

Exception :
Un gros manche d'outil.

320.   Les noms en *ande, andre*.

Exemples :
Une bande.
Une limande.
Une offrande.
De la viande.
Des filandres.
Une salamandre, etc.

Exceptions :
Un fort multiplicande.
Un grand esclandre.
Un gracieux méandre.

321.   Les noms en *ange*.

Exemples :
Une frange.
Une grange.
Une louange.
Une orange.
Une phalange.
La vendange,
    etc., etc.

Exceptions :
Un échange avantageux.
Un losange parfait.
Un change monétaire,
Un mélange savoureux.
Un lange étroit.

322.   Les noms en *angue, anse*.

Exemples :
Une cangue.
Une langue.
Une anse.
Une transe, etc.

Pas d'exception.

323. Les noms en *ante*.

Exemples :	Exception :
Une amarante.	Un amiante brillant.
Une mante.	
Une plante, etc., etc.	

PHRASES-TYPES. Une énorme *avalanche* détachée du flanc de la montagne, répand une subite *épouvante* dans la vallée. Elle bondit avec le fracas du tonnerre, et dans sa chute ensevelit sous ses débris de riants chalets où régnait une douce *aisance*, fruit du travail.

La *crainte* du Seigneur est le commencement de la sagesse.

Par E

Sont du genre féminin :

324. Les noms en *einte*, *empe*.

Exemples :	Pas d'exception.
Une atteinte.	
Une feinte.	
De la détrempe.	
Une tempe, etc.	

325. Les noms en *ence* (1).

Une audience.	Un silence profond.
La clémence.	

---

*(1) Les noms en *ence* sont comme ceux en *ance*, dérivés presque tous de mots latins féminins, dont ils ont retenu le genre et la terminaison, en changeant le *t* en *c*, et les finales en *e* muet : audience, clémence, etc., de : *audientia*, *clementia*, etc. L'exception unique : le *silence*, est conforme à l'étymologie : *silentium*, nom neutre, est devenu en français un nom masculin terminé par un *e* muet. (Voir page 94, n° III*).

La démence.
L'expérience.
La patience.
La violence,
   etc., etc.

326.   Les noms en *ende*.

Une amende (peine). | Un dividende insuffisant.
Une légende,
   etc., etc.

327.   Les noms en *ense, ente*.

Une défense. | *Pas d'exception.*
Une offense.
Une attente.
Une rente, etc.

328. Les noms en *enche, encre, endre, enthe*, qui sont seuls de leur terminaison.

Une pervenche.
De l'encre.
De la cendre.
De la menthe.

PHRASES TYPES. La haute *prudence* de Blanche de Castille, la *trempe* si forte de son caractère, la sage fermeté qu'elle déploya pendant sa *régence* contre les grands vassaux, dont l'ambition portait de dangereuses *atteintes* à l'autorité royale, préparèrent le règne glorieux de son fils.

Le plaisir de faire du bien est déjà une douce *récompense*.

Par I

Sont du genre féminin:

329. Les noms en *ingle, ingue, inte*.

Exemples :
Une tringle.
Une meringue.
Une coloquinte.
Une quinte, etc.

Pas d'exception.

330. Les noms en *inthe*.

De l'absinthe.
Une hyacinthe.
Une jacinthe.
Une plinthe.

Un labyrinthe tortueux.
Un beau térébinthe.

331. Les noms en *impe, ince,* qui sont seuls de leur terminaison.

Une guimpe.
Une pince.

PHRASES TYPES. La *coloquinte*, grosse comme une orange, et renommée pour son extrême amertume, est le fruit d'une espèce de concombre.

L'*absinthe*, amère, aromatique et stimulante, est la liqueur extraite d'une plante appelée armoise absinthe.

Par O

Sont du genre féminin :

332. Les noms en *ombe*.

Exemples :
Une bombe.
Une tombe.
Une trombe, etc.

Exception.
Un rhombe parfait.

333. Les noms en *ompe*.

Exemples :
Une pompe.
Une trompe, etc.

Pas d'exception.

334. Les noms en *once*.

Une once ; poids.
Une once ; animal.
Une raiponce, etc.

Un quinconce vert.

335. Les noms en *onde*.

Une fronde.
Une mappemonde.
Une ronde,
etc.

Le monde élégant.

336. Les noms en *onge*.

Une allonge.
Une éponge.
Une oronge (espèce de champignon),
etc.

Un mensonge flagrant.
Un songe trompeur.

237. Les noms en *onque*.

Exemples :
Une conque.
Une jonque,
etc.

Pas d'exception.

338. Les noms en *onte*.

La fonte.
La honte (h. aspiré),
La tonte.

Un conte amusant.
Le grand mastodonte de Cuvier.

339. Les noms en *ontre*.

Exemples :
Une basse-contre.
Une montre.

Pas d'exception.

340. Les noms en *onche, ongue, onse,* qui sont seuls de leur terminaison.

Une bronche.
Une diphthongue.
Une réponse.

PHRASES-TYPES. Un laurier avait crû naturellement sur la *tombe* de Virgile ; cet arbre entretenu avec soin et renouvelé plusieurs fois dans la suite, paraissait immortel.

Agrippine fit périr Claude en lui servant un plat d'*oronges* empoisonnées.

QUESTIONNAIRE

193. De quel genre sont généralement les noms terminés par un *e* muet ?

Citez quelques exemples de noms féminins qui suivent la règle générale, comme : citadelle, usine, école, lecture.

Qu'est-ce qui motive la plupart des exceptions à cette règle générale ?

198-215. Dans les noms où la voyelle *a* précède la syllabe muette, quelles sont les terminaisons qui présentent le plus d'exceptions ?

Citez quelques-unes de ces exceptions, comme : le chrysocale, un dédale, etc., ou bien : un automate, un phosphate, etc.

224. De quelle langue sont dérivés la plupart des noms masculins en *ée,* comme: un athénée, un lycée, etc.

227. De quelle langue sont dérivés les noms masculins en *elle,* comme : un libelle, un polichinelle, etc. ?

236. De quel genre sont les noms en *ette,* comme : galette.

Citez l'unique exception.

QUESTIONNAIRE.

246. De quel genre sont les noms en *ie*, comme : patrie ?
247. —   —   *ique*, comme : fabrique ?
Y a-t-il des exceptions ? — Citez quelques-unes de ces exceptions.

250 (1) *Expliquez comment le mot *incendie* qui vient du latin *incendium*, est du genre masculin, et se termine néanmoins par l'*e* muet?

255. De quel genre sont les noms en *ole* comme : gondole?
Citez une ou deux exceptions.

265. De quel genre sont les noms en *orte*, *ose*; comme : porte, rose ? — Y a-t-il exception ?
* Expliquez comment ces deux mots, *porte*, *rose*, se sont formés du latin.

272. De quel genre sont les noms en *ude*, comme : étude ?
Quelle est l'exception?

273. De quel genre sont les noms en *ue*, comme : statue,
Y a-t-il exception?

284-286-314. Donnez quelques exemples de noms féminins où la syllabe muette ou simplement l'*e* muet est précédé d'une voyelle composée, comme : baie, fraise, joie, touffe? Citez une ou deux exceptions?

318-321-325-335. Donnez quelques exemples de noms féminins où la syllabe muette est précédée d'un son nasal, comme : louange, abondance, clémence, ronde? Citez des exceptions.

318-325. *Pourquoi les noms en *ance*, comme : constance, et en *ence*, comme : audience, sont-ils du genre féminin en français?
Expliquez leur formation du latin.

325. * Donnez l'étymologie du mot *silence*, l'unique exception des mots en *ence*, et faites voir pourquoi il est du genre masculin, avec une terminaison féminine (2).

---

(1) Voir page 94, n° III*.
(2) Ibidem.

CHAPITRE IV.

TERMINAISONS FÉMININES EXCEPTIONNELLES. RÈGLES PARTICULIÈRES.

341. Nous avons en français cinq terminaisons féminines par une voyelle sonore ou une consonne : **aison; eur, ion; oix, té** (1).

Remarque. — Les noms masculins de ces mêmes terminaisons ne sont point des exceptions, puisqu'ils suivent la règle générale. Nous observons donc un ordre analogue à celui que nous avons indiqué p. 96, 97, et nous les plaçons en regard des noms féminins, en les accompagnant d'un qualificatif propre à en faire discerner plus facilement le genre.

1re Section

aison.

342. Les noms en *aison* sont du genre féminin.

*342 bis. Ces noms sont du genre féminin, parce qu'ils sont pour la plupart dérivés de noms latins féminins, tels que raison ; de *ratio, rationem*; fenaison ; de *fœnatio, fœnationem*; etc., ationem est devenu *aison*, par l'adjonction de l'*i* à la voyelle accentuée, le changement du *t* en *s* et la chute du son final *em* (2).

---

(1) Voir le Fil conducteur, page 110 et suivantes.
(2) Dict. étymologique de la langue française, par A. Brachet.

Exemples :	*Pas de nom masculin suivant la règle générale.*
Une cargaison.	
Une conjugaison.	
La fenaison.	
Une maison.	
Une oraison.	
La raison.	
Une saison.	
etc., etc.	

PHRASES-TYPES. Les fortes *exhalaisons* de cette *venaison* abondante se répandent dans toute la *maison*.

La girandole du lilas montre à la fois des fleurs en bouton, entr'ouvertes, épanouies, avec toutes les nuances ravissantes de la *floraison*. (B. de St-P.)

2e Section

eur.

343. Les noms en *eur* sont généralement du genre féminin.

*343 *bis*. Les noms en *eur* sont dérivés des noms latins en *or, orem* (accusatif) : *ardor, ardorem,* ardeur ; *odor, odorem,* odeur ; etc., par la chute de la finale *em*, et la transformation de *or* en *eur*.

Cette terminaison présente une anomalie, en ce que ces noms, tous masculins en latin, sont tous féminins en français, sauf un petit nombre d'exceptions (1).

Quelques substantifs, non dérivés du latin, se sont formés sur ce modèle, comme blancheur ; laideur ;

---

(1) La grammaire historique de la langue française, par A. Brachet, préface de la 2e édition, par Littré, pages XV et XVI, donne de cette anomalie une savante explication qui ne peut entrer dans le cadre d'un ouvrage élémentaire.

de l'ancien haut allemand, *blanch*, blanc; *laid*, odieux, désagréable (1).

Exemples :	Noms masculins suivant la règle générale
L'ardeur.	Un bonheur parfait.
La candeur.	Un cœur ardent.
La chaleur.	Un chœur mélodieux.
La couleur.	Un odieux déshonneur.
La douceur.	L'équateur brûlant.
Une fleur.	Un extérieur charmant.
La hauteur.	Un heur imprévu.
La noirceur.	Un honneur flatteur.
L'odeur.	Un intérieur coquet.
La profondeur.	Un labeur incessant.
La raideur.	Un malheur accablant.
La saveur.	
La splendeur.	
La valeur, etc., etc.	

PHRASES-TYPES. Le lis a de belles *fleurs* d'une *odeur* pénétrante et suave, et d'une *blancheur* si pure qu'elles sont l'emblème de l'innocente *candeur* et de la pureté virginale.

La *faveur* des grands est inconstante.

3ᵉ Section.

ion.

344. Les noms en *ion*, sont presque tous du genre féminin.

*344 bis. Presque tous les noms français terminés par *ion* sont formés de noms latins en *io*, *ionem* (accu-

---

(1) Dictionnaire étymologique de A. Brachet.

satif), qui sont du féminin : *actio, actionem* ; *habitatio, habitationem* ; etc.

La chute de la finale *em*, et la persistance de la consonne *n*, ont donné action, habitation, etc., de même que les noms latins masculins *septentrio, septentrionem* ; *scorpio, scorpionem*, etc., ont donné septentrion, scorpion, etc., en sorte que ces mots en *ion* ont une terminaison masculine tout en conservant le genre féminin.

Exemples :	*Noms masculins suivant la règle générale :*
Une addition.	
Une action.	Un million.
Une caution.	Un billion.
Une motion.	Un ancien bastion.
Une passion.	Un petit brimborion.
Une potion.	Un petit camion.
La précision.	Un crayon blanc.
Une prédication.	Un croupion rôti.
Une préparation.	Le fourmi-lion adroit.
Une punition.	Un fort gabion.
Une ration.	Un lourd galion.
Une région.	Un gros ganglion.
Une répréhension.	Un lampion fumant.
Une session.	Un lion majestueux.
Une suspension.	Un petit pion blanc.
Une tension.	Un scion vert.
Une tribulation.	Le froid septentrion.
Une version.	Le scorpion venimeux.
Une vibration,	La peine du talion.
etc., etc.	

PHRASES-TYPES. L'*imagination* est la folle du logis. (Sainte Thérèse.)

Elle fut révélée par le Ciel, cette *religion* qui fit une vertu de l'espérance. (Chateaubriand.)

4ᵉ Section.

oix.

345. Les noms en *oix* (sauf une exception) sont du genre féminin (1).

Les 4 noms en oix :	Seul nom masculin suivant la règle générale :
Une croix.	Un bon choix.
Une noix.	
De la poix.	
La voix.	

*345 *bis*. Ces quatre noms viennent de noms latins féminins :

Une croix ; *crux, crucem.*
Une noix ; *nux, nucem.*
De la poix ; *pix, picem.*
La voix ; *vox, vocem.*

PHRASE-TYPE. La *voix* de l'univers a proclamé le triomphe de la *croix*, lorsque le Christianisme a régénéré le vieux monde païen et civilisé les peuples barbares.

5ᵉ Section.

té.

346. Les noms en *té*, sont généralement du genre féminin (2).

---

(1) Il y a quatre autres noms féminins terminés par *x*. (Voir le n° 383.)
(2) Voir le Fil conducteur, page 133.

*346 bis. Ces noms sont formés des noms latins en *tas, atem* (accusatif), *veritas, veritatem* ; vérité, *proprietas, proprietatem* ; propriété ; etc. La finale *atem* est devenue *é*, en passant dans la langue française.

Ces noms, du genre féminin en latin, ont conservé le même genre en français, sauf une douzaine, sur 350 environ.

Exemples :	Noms masculins suivant la règle générale :
L'amabilité.	
La bonté.	Un aparté confidentiel.
La charité.	Un arrêté définitif.
La fidélité.	Un comité secret.
La générosité.	Un comté puissant.
L'humilité.	Le côté droit.
La loyauté.	Un été sec.
La pureté.	Un jeté gracieux.
La santé.	Un pâté chaud.
La tranquillité.	Un précipité blanc.
La vérité.	Du thé vert.
La vivacité,	Un traité glorieux.
etc., etc.	

PHRASE-TYPE. Quelle sera la *société* d'une *cité*, si l'on n'y voit régner la *bonté*, la gracieuse *affabilité* et une franche *sincérité* ?

347. Le mot *soif* est féminin, et seul de sa terminaison.

Exemple :
Une soif ardente.

*347 bis. Le mot *soif* vient du mot latin féminin : *sitim* (acc.) ; par le changement de *i* en *oi*, de *t* en *f*, et par la chute de la finale *im*.

QUESTIONNAIRE

341. Combien avons-nous, en français, de terminaisons féminines sans e muet?

Quelles sont-elles?

342. Y a-t-il des exceptions au genre des noms en *aison*?

* 342 bis. Pourquoi les noms en *aison*, comme *raison*, par exemple, sont-ils du genre féminin?

Expliquez comment leur terminaison est masculine.

343. Pourriez-vous dire quels sont les noms masculins en *eur*?

* 343 bis. Comment les noms en *eur*, féminins en français, comme *ardeur*, forment-ils du latin leur terminaison en *eur*?

344. De quel genre sont les noms en *ion*?

Y a-t-il des exceptions?

* 344 bis. Pourquoi les noms terminés par *ion*, comme *action*, sont-ils généralement du genre féminin?

Expliquez comment ils ont une terminaison masculine tout en conservant le genre féminin.

345. Combien avons-nous de noms en *oix*?

De quel genre sont-ils?

Quelle est l'exception du masculin?

* 345 bis. De quelle langue viennent les quatre noms en *oix*?

346. De quel genre sont les noms en *té*?

Pourriez-vous dire les noms masculins en *té*?

* 346 bis. Pourquoi les noms en *té*, comme *vérité*, sont-ils généralement du genre féminin?

Qu'est devenue la finale latine *atem*, en passant dans la langue française?

347. De quel genre est le mot *soif*?

*347 bis. De quelle langue le mot *soif* est-il dérivé?

Quels changements a-t-il subis en passant dans la nôtre?

CHAPITRE V.

TERMINAISONS COMMUNES AUX DEUX GENRES.

Il y a, mes jeunes amis, environ une trentaine de terminaisons en *e* muet, qui peuvent être attribuées aux deux genres, c'est-à-dire, qu'elles sont communes à des noms masculins et à des noms féminins, en nombre égal.

Ces sortes de terminaisons, qu'on pourrait appeler *mixtes*, font brèche à la règle générale, laquelle dit que la terminaison des substantifs suffit habituellement à en indiquer le genre. Il ne reste donc d'autre ressource que de les apprendre par cœur. Heureusement chacune de ces terminaisons ne compte qu'un très petit nombre de mots, à l'exception des noms en *oire*, dont le chiffre total des plus usités, tant masculins que féminins, est d'environ soixante.

Nous avons cherché à faciliter le travail de la mémoire en accompagnant chaque nom d'un qualificatif, ou d'un déterminatif assez caractéristique pour le graver dans l'esprit.

D'ailleurs quelques exercices suffiront pour vous mettre à même de les retenir. Votre courage n'en sera donc pas effrayé, d'autant qu'il ne vous en coûtera pas plus d'apprendre ce chapitre que d'étudier certaines pages de la grammaire, pages qui vous sont bien connues, et dont on ne saurait néanmoins vous faire grâce.

Il est d'expérience que les difficultés disparaissent

devant ceux qui les affrontent, tandis qu'elles se multiplient pour ceux qui en ont peur. On dit qu'il y a de petits héros dont le courage grandit avec les difficultés : à ceux-là, la victoire est acquise. Au reste, mes bons amis, plus d'un parmi vous a déjà expérimenté que, dans les luttes studieuses, le travail amène le succès.

*Remarque sur les noms en *oire*. Les noms masculins en *oire*, sont dérivés des noms neutres en *orium*, tels que *auditórium*, auditoire ; *prætórium*, prétoire ; etc.

Les noms féminins en *oire* viennent des noms en *oria*, également féminins en latin, comme *história*, histoire ; *glória*, gloire.

Du même mode de formation résulte la même désinence : l'*i* bref s'ajoute à la voyelle accentuée *o*, et les finales *um*, *am*, tombent ; ce qui donne la terminaison *oire*, pour le masculin et pour le féminin.

D'autres mots, non dérivés du latin, tels que : grimoire, moire, se sont formés sur ce modèle. Vous pourrez faire, dans ce chapitre, des remarques analogues sur plusieurs autres noms.

1re Section.

A

348. Noms en *adre*.

Masculin. | *Féminin.*
Un beau cadre. | Une forte escadre.

349. Noms en *afre*.

Du safre bleu. | Une grande balafre.

350. Noms en *agne*.

Un grand bagne.	Une belle campagne.
Un pagne blanc.	Une haute montagne.

351. Noms en *agre*.

L'onagre léger à la course. | Une onagre bisannuelle.

352. Noms en *alme*.

Un calme profond. | La palme victorieuse.

353. Noms en *ame*, *âme*.

Un amalgame d'or.	Une âme ardente.
Un blâme secret.	Une grande entame.
Le carthame colorant (plante tinctoriale).	L'igname nourrissante (pr. igname).
Le dictame bienfaisant.	La jusquiame vénéneuse.
Un drame touchant.	Une lame tranchante.
Un épithalame ancien.	Une prame légère (sorte de navire de guerre).
Le lourd hippopotame.	Une lourde rame.
Un mélodrame nouveau.	Une réclame amusante.
Le sésame oléagineux.	Une trame odieuse.

354. Noms en *anque*.

Un grand manque de foi. | Une banque lucrative.

355. Noms en *arrhe*.

Un catharre fatigant. | De bonnes arrhes.

356. Noms en *aste*.

Un contraste frappant.	Une caste indienne.
Un grand faste.	Une longue haste, sorte de lance (h aspiré).

357. Noms en *aune*.

Un aune, ou aulne vert (du latin *alnus*).	L'aune ancienne; (de l'ancien français *alne*).

N. B. Les élèves pourront composer des phrases dans lesquelles ils placeront des exemples; nous en donnons quelques modèles à la fin de chaque section.

Modèles d'exercices. C'est vers le milieu de ce siècle que les premiers *hippopotames* vivants furent amenés au Jardin des Plantes, à Paris.

Une belle *âme* doit être plus sensible aux bienfaits qu'aux outrages. (Stanislas.)

2ᵉ Section.

E

358. Noms en *ecte*.

Masculin.	*Féminin*.
Un dialecte montagnard.	Une collecte abondante.
Un insecte brillant.	Une secte superstitieuse.

359. Noms en *èfle*.

Du trèfle sec.	Une nèfle molle.

360. Noms en *eigle, ègle*.

Du seigle vert.	Une règle droite.

361. Noms en *èle, êle*.

Un asphodèle blanc (espèce de liliacée).	Une bonne clientèle.
Un érysipèle dangereux.	La brillante cicindèle } insectes,
Un modèle parfait.	La jolie cistèle.
	Une grosse grêle.

Un zèlé ardent.
Un singulier pêle-mêle.

Une haute prêle (plante, vulgairement, queue de cheval).

362.   Noms en *èpe*.

Le cèpe savoureux (espèce de champignon).

La nèpe carnassière (punaise d'eau).

363.   Noms en *erbe*.

Un adverbe ronflant.
Un proverbe amusant.
Un verbe latin.

Une belle gerbe.
Une herbe fraîche.
La superbe (l'affectation de l'orgueil).

364.   Noms en *erce*.

Un commerce actif.
Le grand sesterce (ancienne monnaie romaine).

Une tierce majeure.
La berce fourragère (plante).

365.   Noms en *ergue*.

Un exergue trop petit. | La grande vergue.

366.   Noms en *erle*.

Un merle siffleur. | Une perle fine.

367.   Noms en *erre*.

Un cimeterre menaçant.
Le lierre rampant.
Un haut paratonnerre.
Un beau parterre.
Le tonnerre foudroyant.
Un verre transparent.

Une grande équerre.
La petite fumeterre.
Une guerre affreuse.
Une pierre blanche.
Une serre chaude.
Une bonne terre.

368.   Noms en *euille*.

Le chèvrefeuille odorant.
Un grand portefeuille.

Une feuille morte.
La millefeuille délicate.

369. Noms en *èvre*.

Le genièvre piquant. | Une fièvre maligne.
Le lièvre craintif. | Une grosse lèvre.

370. Noms en *exe*.

Le sexe fort. | Une annexe nouvelle.

Modèles d'exercices. Il paraît que le singulier *insecte*, appelé ver luisant, a la faculté de faire paraître ou disparaître à volonté sa brillante lumière phosphorique.

Toute *secte*, en quelque genre que ce soit, est le ralliement du doute et de l'erreur. (Voltaire.)

Octavie, ayant entendu les vers touchants de Virgile sur la mort du jeune Marcellus, fit compter au poëte dix grands *sesterces* par vers.

La *berce*, commune dans les prés humides, est un excellent fourrage pour les vaches laitières.

3ᵉ Section.

I

371. Noms en *icle*.

Un article intéressant. | Des bésicles vertes.
Le sicle commun des Hébreux | La sanicle (pl. rép. vulnéraire)

372. Noms en *ide*.

Masculin.	*Féminin.*
Un acide mordant.	Une belle bastide.
Un liquide bouillant.	Une forte bride.
Un oxyde cuivreux.	Une verte cantharide.
Un solide pesant.	Une cariatide grimaçante.
Des subsides suffisants.	Une carotide gonflée.
Le suicide odieux.	Les ides printanières.
Le tourne-bride voisin.	Une haute pyramide.
Un vide affreux.	Une ride disgracieuse.

373. Noms en *igne*.

Un insigne glorieux.	Une consigne rigoureuse.
Un interligne étroit (1).	Une ligne droite.
Un signe bienveillant.	La vigne féconde.

Modèles d'exercices. Il ne me parut aucun *interligne* à ce qu'elle disait. (Mme de Sévigné.)

Le zéphir est changeant, le printemps est trompeur ;
Craignez donc que la *vigne*, à fleurir trop pressée,
Ne laisse épanouir son imprudente fleur. (***)

4ᵉ Section.

O

374. Noms en *obe*.

Un beau globe.	Une élégante garde-robe.
Un lobe étroit.	Une robe blanche.

375. Noms en *offre*.

Masculin.	*Féminin.*
Un beau coffre.	Une offre obligeante.

376. Noms en *oire*.

Un accessoire gracieux.	Une armoire ouverte.
Un auditoire attentif.	Une avaloire bien faite.
Le boire et le manger.	Une grande baignoire.
Un ciboire précieux.	Une balançoire peinte.
Un compulsoire (terme de palais).	Une belle bouilloire.
	Une bassinoire brûlante.
Le grand conservatoire.	Une petite couloire.
Un consistoire secret.	Une décrottoire neuve.
Un déboire affreux.	Une doloire plate.
Un bon directoire.	Une échappatoire adroite.
Un petit exutoire.	Une écritoire élégante.

---

(1) *Interligne* s'emploie au féminin comme terme typographique. (Voir aux homonymes, p. 24.)

Un ennuyeux grimoire.
Un second interlocutoire (terme de palais).
Un interrogatoire minutieux.
Un invitatoire chanté.
De l'ivoire blanc.
Un laboratoire spacieux.
Un long mémoire.
Un bel observatoire.
Un offertoire religieux.
Un pieux oratoire.
Un bon pourboire.
Un promontoire lointain.
Le propitiatoire de l'arche d'alliance.
Un provisoire gênant.
Un long purgatoire.
Un blanc purificatoire.
Un grand réfectoire.
Un savant répertoire.
Un réquisitoire concluant.
Un territoire conquis.
Un vésicatoire volant.
Le vomitoire des jeux romains.

Une bonne écumoire.
Une eupatoire fleurie.
La foire prochaine.
Une longue glissoire.
Une gloire éclatante.
Une grande guilloire (cuve de brasseur).
Une histoire intéressante.
Une lardoire piquante.
La Loire.
Une grande mâchoire.
Une petite mangeoire.
Une mémoire heureuse.
De la moire blanche.
De fortes nageoires.
Une noire (terme de musique).
Une fine passoire.
Une poire fondante.
Une petite polissoire.
Une grosse râcloire.
Une rôtissoire brûlante.
Une victoire éclatante.

377. Noms en *orche*.

Un porche ouvert. | Une torche ardente.

378. Noms en *orgue*.

Un orgue excellent. | Une morgue insolente.

379. Noms en *orse*.

Un torse défectueux. | Une douloureuse entorse.

380. Noms en *oude*.

Le coude droit. | De la soude blanche.

381. Noms en *ouge*.

Un bouge obscur. | Une petite gouge (outil).

Modèles d'exercices. Les *mémoires* secrets des contemporains sont suspects de partialité. (Voltaire.)

Il y a des gens qui ont la *mémoire* assez pleine ; mais le jugement fort vide et fort creux. (Montesquieu.)

Le premier *orgue* qui parut en France fut envoyé par l'empereur Constantin Copronyme à Pépin-le-Bref.

La *morgue*, apanage de l'orgueil, n'est qu'une singerie de la dignité. (S. Dub.)

5ᵉ Section

U

382. Noms en *ulle*.

Masculin. | *Féminin.*
Du tulle léger. | Une bulle de savon.

383. Noms en *ulte*.

Le culte divin. | La catapulte meurtrière.
Un grand tumulte. | Une insulte sanglante.

384. Noms en *urne*.

Le cothurne romain. | Une grande urne.

Modèles d'exercices. Le *cothurne* grec était employé par les acteurs tragiques ; c'était plus particulièrement la chaussure des rois, des grands, des gens riches et opulents.

Ce fut au célèbre historien Polybe qu'échut l'honneur de porter l'*urne* vénérée qui renfermait les cendres de Philopœmen, surnommé le dernier des Grecs.

6ᵉ Section

Y

385. Noms en *ygme, igme*.

Des borborygmes importuns. | Une énigme curieuse.

Modèle d'exercice. On connaît la fameuse *énigme* que, selon la fable, le Sphinx proposa à Œdipe.

7ᵉ Section.

TERMINAISONS COMMUNES AUX DEUX GENRES SANS e MUET.

386. Noms en *aix*.

Masculin.	*Féminin.*
Un faix accablant.	Une paix profonde.

387. Noms en *aux*.

Un faux (commettre un faux).	De la chaux vive.
Un taux prodigieux.	Une faux tranchante.

388. Noms en *oux*.

Le houx piquant.	Une toux incessante.

Modèles d'exercices. Le chameau patient traverse le désert en portant commodément son *faix*, et il s'y accoutume comme à une bosse de plus. (De Jussieu.)

A mes graves pensers, ô combien est propice
Cette nuit, ce désert, cette profonde *paix* !
(Roucher.)

Tel ne voudrait pas acheter au *taux* auquel il veut vendre.

Les anciens, à la guerre, se servaient de chariots armés de *faux* tranchantes.

QUESTIONNAIRE.

348 à 381. Les noms dont la terminaison par un *e* muet est commune aux deux genres sont-ils nombreux, généralement parlant?

376. Quelle est la seule de ces terminaisons qui réunit plus de trente noms de chaque genre?

353 et 372. Quelles sont les deux autres terminaisons qui réunissent une dizaine de noms de chaque genre?

386-387-388. Quelles sont les terminaisons sans *e* muet communes aux deux genres? Combien comprennent-elles de noms?

TROISIÈME PARTIE

Distinction du genre des noms d'après la différence de sexe.

TROISIÈME PARTIE.

DISTINCTION DU GENRE DES NOMS D'APRÈS LA DIFFÉRENCE DE SEXE.

Ce traité ne serait pas complet si nous ne rappelions ce que dit la grammaire touchant la distinction des genres d'après la différence de sexe.

Mais quoi, dira-t-on, la grammaire n'est-elle pas assez explicite sur ce point? Quelle nécessité de revenir sur une règle si connue?

— Nous ne laisserons pas d'en parler, mes amis; d'abord, parce qu'il n'est pas admissible que la vérité perde son intérêt par la seule raison qu'elle est anciennement connue; et ensuite parce que l'application même de cette règle si simple, donne lieu à beaucoup de remarques, dont quelques-unes pourront avoir encore leur nouveauté.

Commençons donc.

CHAPITRE PREMIER.

NOMS D'HOMMES ET DE FEMMES.

1ʳᵉ *Section*.

389. RÈGLE GÉNÉRALE. Les noms d'hommes sont du genre masculin; les noms de femmes, du genre féminin.

Voilà une règle bien facile à retenir: on peut ajouter: très aisée à appliquer. J'en conviens: cependant voyons un peu quels rapports existent entre les noms de l'un et l'autre genre.

Comme vous êtes, j'aime à le croire, mes jeunes amis, du nombre de ces élèves studieux et réfléchis qui font des observations judicieuses sur leurs leçons, vous avez dû remarquer (spécialement dans les noms qui expriment les degrés de parenté), qu'il n'y a aucune ressemblance entre le nom masculin et le nom féminin correspondant, pas plus qu'il ne s'en trouve entre ces mots mêmes : homme et femme.

S'il en est parmi vous qui étudient le latin, ils ne sont pas surpris de cette différence, parce qu'elle est commune aux deux idiomes. J'ai même entendu dire qu'elle existe dans toutes les langues... Quoi qu'il en soit, comme le nombre de ces noms est fort restreint dans la nôtre, nous les mettrons tous ici, dans leur ordre naturel.

390. Liste des noms masculins et des noms féminins correspondants, dont la forme n'a que peu ou point de ressemblance.

Masculin.	Féminin.
Un père.	Une mère.
Un papa.	Une maman.
Un mari.	Une femme.
Un fils.	Une fille.
Un gendre.	Une belle-fille, une bru (vieilli).
Un frère.	Une sœur.
Un oncle.	Une tante.
Un neveu.	Une nièce.
Un parrain.	Une marraine.
Un compère.	Une commère.
Un confrère.	Une consœur.
Un diacre.	Une diaconesse.

NOMS D'HOMMES ET DE FEMMES.

Un homme.	Une femme.
Un monsieur.	Une dame.
Un empereur.	Une impératrice.
Un roi.	Une reine.
Un doge.	Une dogaresse.
Un seigneur.	Une grande dame.
Un gentilhomme.	Une dame de qualité.
Un valet de chambre.	Une femme de chambre.
Un valet de pied.	Une fille de service.

PHRASE-TYPE. La *reine* Mandane, *fille* d'Astyage, *roi* des Mèdes, fut la *mère* du grand Cyrus.

2ᵉ Section.

391. A part ces cas exceptionnels, vous savez qu'on se sert du même nom pour désigner un homme ou une femme, selon le besoin, et de deux manières différentes:

Tantôt sans aucun changement apporté au nom, en faisant seulement varier le genre de l'article ou de l'adjectif déterminatif :

Un artiste.	Une artiste.
Un élève.	Une élève.
Un belge.	Une belge.
Un créole.	Une créole.

Tantôt en changeant la terminaison du nom :

Un baron.	Une baronne.
Un ouvrier.	Une ouvrière.
Un moissonneur, etc.	Une moissonneuse, etc.

Les noms qui ne changent pas sont généralement ceux qui se terminent par un e muet.

Un artiste.	Une artiste.
Un élève.	Une élève, déjà cités.
Un domestique.	Une domestique.
Un pupille, etc.	Une pupille, etc.

11.

— Ils restent tels au féminin, ainsi que dit la grammaire au sujet des adjectifs terminés par l'*e* muet, comme *fidèle*. C'est alors l'article ou l'adjectif déterminatif qui fait connaître le genre du nom.

PHRASES-TYPES. Cet homme est *un artiste éminent*. Cette dame est *une artiste pleine* de talent.

Voyez ces troupes de *moissonneurs* et de *moissonneuses* qui endurent patiemment les ardeurs de la canicule.

392. Parmi les noms terminés par un *e* muet, il y en a cependant une quinzaine qui font exception et dont le féminin se forme par l'addition d'une syllabe :

Un chanoine.	Une chanoinesse.
Un comte.	Une comtesse.
Un druide.	Une druidesse.
Un hôte.	Une hôtesse.
Un maître.	Une maîtresse.
Un mulâtre.	Une mulâtresse.
Un nègre.	Une négresse.
Un ogre.	Une ogresse.
Un prêtre.	Une prêtresse.
Un prince.	Une princesse.
Un prophète.	Une prophétesse.
Un suisse.	Une suissesse.
Un sylphe.	Une sylphide.
Un trappiste.	Une trappistine.
Un vicomte.	Une vicomtesse.

PHRASE-TYPE. Isabelle d'Angleterre, veuve de Jean-sans-Terre, ayant épousé en secondes noces Hugues le Noir, *comte* de la Marche, se faisait appeler la *comtesse-reine*. On sait que cette *princesse*, blessée dans sa fierté, suscita la guerre de 1242, entre la France et l'Angleterre.

3ᵉ Section.

393. Les noms qui changent de terminaison pour la formation du féminin sont tous ceux qui se terminent par une consonne ou par une voyelle sonore :

Un ami.	Une amie.
Un marchand.	Une marchande.
etc., etc.	etc., etc.

Remarque. Il faut excepter le mot *enfant*, qui reste tel au féminin.

Un bel enfant.	Une belle enfant.

393 *bis.* Parmi les noms terminés par une consonne ou par une voyelle sonore, il y en a une quinzaine dont la forme féminine est irrégulière.

Un abbé.	Une abbesse.
Un blanc.	Une blanche.
Un czar.	Une czarine.
Un duc.	Une duchesse.
Un favori.	Une favorite.
Un grec.	Une grecque.
Un gouverneur.	Une gouvernante.
Un héros.	Une héroïne.
Un jumeau.	Une jumelle.
Un paysan.	Une paysanne.
Un profès.	Une professe.
Un quaker.	Une quakeresse.
Un sacristain.	Une sacristine.
Un serviteur.	Une servante.
Un turc.	Une turque.

PHRASE-TYPE. Le *czar* Pierre-le-Grand civilisa la Russie, et par une singularité unique dans l'histoire, ce sont quatre *czarines*, montées après lui sur le trône, dans un espace de 37 ans, qui continuèrent son œuvre.

394. Quant aux règles de la formation du féminin, vous les connaissez déjà, mes jeunes amis, car vous les avez apprises dans votre grammaire, au chapitre de l'adjectif ; ces règles s'appliquent de la même manière aux substantifs. Nous les rappellerons donc ici, comme en passant, et dans l'ordre qui nous paraît être le plus logique.

395. Les noms, comme les adjectifs, terminés par un *x*, changent cette lettre en *se* :

Un bienheureux.	Une bienheureuse.
Un époux, etc.	Une épouse, etc.

Il faut en excepter le nom : un vieux, qui fait au féminin : une vieille (familier).

396. Beaucoup de noms sont formés d'un participe présent, par le changement de *ant* en *eur*, pour le masculin, et en *euse*, pour le féminin. Ainsi, des participes présents : contant, cardant, on a fait :

Un conteur.	Une conteuse.
Un cardeur, etc	Une cardeuse, etc.

Cependant on a fait :

d'exécutant :	exécuteur,	exécutrice testamentaire.
d'inspectant :	inspecteur,	inspectrice.
d'inventant :	inventeur,	inventrice.
de persécutant :	persécuteur.	persécutrice.

396 *bis*. Cette forme en *trice*, est affectée au féminin de tous les autres noms en *teur*.

Un lecteur.	Une lectrice.
Un bienfaiteur, etc.	Une bienfaitrice, etc.

Auteur ne s'emploie qu'au masculin. (Voir n° 411.)

397. Quelques-uns des noms en *eur*, et en *teur*, ont deux formes et deux acceptions différentes pour le féminin ; ainsi :

1° Chanteur fait chanteuse, d'après la règle 396 ; mais en parlant d'une femme qui a acquis de la célébrité dans l'art du chant, on dit : une cantatrice.

2° Débiteur fait débiteuse (même règle), en parlant de celle qui débite une marchandise ; et débitrice, en parlant de celle qui doit, et de qui l'on réclame le montant d'une dette.

3° Chasseur fait chasseuse (même règle), mais en poésie, et dans le style élevé, on dit : chasseresse : Diane chasseresse.

4° Demandeur fait demandeuse (même règle), en parlant d'une femme qui fait métier de demander ; et demanderesse pour celle qui fait une demande en justice.

5° Vendeur fait vendeuse (même règle), pour celle dont la profession est de vendre ; et venderesse, en terme de palais, pour celle qui vend par acte légal.

Bailleur de fonds, fait bailleresse de fonds. Enchanteur fait enchanteresse.

PHRASE-TYPE. Les poëtes ont regardé Cérès comme l'*inventrice* du labourage.

398. Captif et juif, font captive et juive, conformément à la règle des adjectifs terminés par un *f*, qui changent cette dernière lettre en *ve*.

399. Les noms terminés par *en*, par *et*, et par *on*, doublent leur dernière consonne avant de prendre un *e* muet.

Un parisien.	Une parisienne.
Le cadet.	La cadette.
Un brabançon, etc.	Une brabançonne, etc.

400. *Exceptions.* Le féminin de compagnon est compagne; et celui de larron est larronnesse. (Vieilli.)

PHRASE-TYPE. J'ai connu deux jeunes sœurs *parisiennes* : l'aînée, belle, mais vaine et moqueuse, se faisait détester; la *cadette*, moins favorisée de la nature, mais bonne et spirituelle, se gagnait tous les cœurs.

401. Les autres noms terminés soit par une consonne, soit par une voyelle sonore, forment généralement leur féminin comme le font les adjectifs, par l'addition d'un e muet:

Un flamand.	Une flamande.
Un parent.	Une parente.
Un anglais.	Une anglaise.
Un voisin.	Une voisine.
etc., etc.	etc., etc.

402. Les noms en *er*, demandent, au féminin, l'emploi de l'accent grave sur l'avant-dernière syllabe :

Un boulanger.	Une boulangère.
Un ouvrier.	Une ouvrière.
etc., etc.	etc., etc.

Excepté nourricier qui fait nourrice.

4e Section.

403. Certains noms masculins n'ont pas de féminin correspondant, parce qu'ils désignent essentiellement

un homme et ne peuvent être attribués à une femme. Le mot *fat* est de ce nombre.

PHRASE-TYPE. Le *fat* est entre l'impertinent et le sot.
(La Bruyère.)

404. Par contre, quelques substantifs féminins n'ont pas de masculin correspondant, parce qu'ils désignent exclusivement une femme, ou bien un être imaginaire figuré sous les traits d'une femme ; tels sont :

Une amazone.	Une fée.
Une bacchante.	Une harpie.
Une duègne.	Une parque.
etc.	etc.

405. Le mot *monstre*, est toujours du masculin, quoique s'appliquant aux deux sexes.

PHRASE-TYPE. Cette dame était si laide qu'on aurait presque pu dire que c'était un *monstre*; mais l'amabilité de son esprit faisait oublier sa laideur.

406. Le mot *gent*, au singulier, est féminin :

La *gent* trotte-menu s'en vient chercher sa perte.
(La Fontaine.)

Gens, au pluriel, est du masculin. (Pour l'accord de l'adjectif, voir les particularités de la grammaire.)

407. Le mot *personne*, lorsqu'il est déterminé, est toujours du féminin :

Deux ou trois bonnes *personnes*.

Mais employé comme pronom indéfini, il est du genre masculin.

On dira donc :

La *personne* qui a fait ce présent désire n'être pas nommée ; bien que ce soit un homme.

J'attendais trois *dames* de mes amies; *personne* n'est *venu*.

5ᵉ Section.

408. Les titres nobiliaires se communiquent tous du mari à la femme :

Le duc.	La duchesse.
Le marquis.	La marquise.
Le comte.	La comtesse.
Le baron.	La baronne.
etc.	etc.

Excepté le dernier, celui de chevalier.

409. Dans l'armée de terre et de mer, les premiers grades seuls passent du mari à la femme :

Madame l'Amirale.
Madame la Maréchale.
Madame la Générale.

410. Pour les fonctions civiles, il y en a quelques-unes dont le titre se communique du mari à la femme.

L'ambassadeur.	Madame l'ambassadrice.
Le gouverneur.	— la gouvernante.
Le président.	— la présidente.
Le régent.	— la régente.
Le chancelier.	— la chancelière.
Le vice-chancelier.	— la vice-chancelière.
Le préfet.	— la préfète.
Le sous-préfet.	— la sous-préfète.
Le consul.	— la consule.
Le surintendant.	— la surintendante.

PHRASE-TYPE. La *maréchale* de Guébriant fut chargée, en qualité d'*ambassadrice* extraordinaire, de conduire en Pologne, la *princesse* Marie-Louise de Gonzague, que Wladislas IV avait épousée par procuration.

6e *Section*

Il nous reste à parler des exceptions à la règle générale, n° 389.

Elles sont de trois sortes.

411. 1° Si les professions ordinaires aux hommes sont exceptionnellement exercées par les femmes, ces noms de professions conservent, en ce cas même, le genre masculin.

PHRASES-TYPES. Cette *dame* est un excellent *professeur*, et un bon *auteur*. Cette *jeune personne* est un *peintre* de talent.

Cependant le titre d'avocat peut prendre le genre féminin avant l'e muet final ; mais il est à remarquer que ce terme d'avocate n'est employé que par extension, en parlant d'une femme qui plaide bénévolement une cause, et jamais comme nom de profession.

412. 2° Le service militaire identifie parfois l'homme avec sa consigne ou sa fonction, au point de lui en faire prendre le nom et le genre, en perdant sa personnalité. Ainsi dit-on d'un soldat ou d'un officier, selon l'occurrence :

> C'est une estafette.
> — une grand'garde.
> — une ordonnance.
> — une sentinelle.
> — une vedette, etc.

PHRASES-TYPES. Ce *soldat* a été placé en *sentinelle perdue*.

Une *vedette* est une *sentinelle* de cavalerie.

413. 3° De même, on identifie certains personnages avec les qualités ou les dignités qui leur sont attribuées, et dans ce cas on emploie le genre féminin pour les désigner, sans distinction de sexe. Ainsi se sert-on du terme de :

Son Altesse,	pour les princes et les princesses.
Sa Béatitude,	— patriarches.
Son Éminence,	— cardinaux.
Son Excellence,	— ministres.
Sa Hautesse,	— sultans.
Sa Majesté,	— souverains et les souveraines.
Sa Paternité,	— abbés et supérieurs religieux.
Sa Révérence,	— religieux et pour les religieuses abbesses.
Sa Sainteté,	— N. S. P. le pape.
Sa Seigneurie.	Se disait autrefois en parlant des seigneurs.

Aujourd'hui, lorsqu'on s'adresse aux princes de l'Église ou de l'État, on dit : *Monseigneur*.

Portant la parole aux souverains, on se sert du mot : *Sire*. A la souveraine, on dit : *Madame*.

PHRASE-TYPE. Le cardinal Mezzofanti savait trente et une langues. On assure que Grégoire XVI voulut en faire l'épreuve. Un jour que le cardinal était assis dans les jardins du Saint-Père, sa *Sainteté* ordonna aux élèves de toutes nations du collège de la Propagande de l'aborder, en le saluant dans leur langue respective. Son *Eminence* d'abord un peu étonnée de cette procession polyglotte, tint ferme jusqu'au bout, et répondit à chacun dans sa propre langue.

QUESTIONNAIRE.

I

389. De quel genre sont les différents noms par lesquels on peut désigner un homme?
id. par lesquels on peut désigner une femme?
Y a-t-il toujours de la ressemblance entre les noms d'hommes et les noms de femmes correspondants?
390. Quels sont les noms de parenté et autres correspondants, qui n'ont que peu ou point de ressemblance?

II

391. Un même nom employé pour désigner tantôt un homme et tantôt une femme doit-il subir quelque changement?
Quels sont ceux qui ne varient pas, et à quoi reconnaît-on s'ils désignent un homme ou une femme?
392. Quelles sont les exceptions terminées par un *e* muet et dont le féminin se forme par l'addition d'une syllabe?

III

393. Quels sont les noms qui varient dans leur terminaison selon qu'ils désignent un homme ou une femme?
Quelle est l'exception unique terminée par une consonne et qui ne varie pas pour le féminin?
393 *bis.* Quels sont les noms dont le féminin est irrégulièrement formé?

394. Les règles que donne la grammaire pour former le féminin des adjectifs sont-elles applicables aux substantifs ?
395. Comment se forme le féminin des noms terminés par un *x* ? Quelles sont les exceptions ?
396. Comment se forme le féminin des noms en *eur*, venant d'un participe présent ?
396 bis. Comment se forme le féminin des noms en *teur*, non formés d'un participe présent ?
397. Y a-t-il des noms qui ont deux formes différentes au féminin ?
Comment se forme le féminin de bailleur de fonds ?
398. Quel est le féminin de captif et de juif ?
399. Quelle remarque est à faire sur les noms terminés par *en*, par *et*, et par *on* ?
400. Combien d'exceptions à ces derniers ?
401. Quelle est la règle générale pour former le féminin des noms terminés par une consonne, et de ceux qui se terminent par une voyelle sonore ?
402. Quelle remarque est à faire sur les noms en *er* ?

IV

403. Tous les noms masculins ont-ils un féminin correspondant ?
404. Tous les noms féminins ont-ils un masculin correspondant ?
405. De quel genre est le mot *monstre* ?
406. — — *gent* ?
407. — — *personne* ?

V

408. Les titres nobiliaires se communiquent-ils de l'homme à la femme ? Quelle est l'exception ?
409. Les titres des grades militaires se communiquent-ils de l'homme à la femme ?

410. Quelles sont les fonctions civiles dont le titre passe à la femme?

VI

411. Qu'y a-t-il à remarquer sur les noms de professions plus ordinairement exercées par les hommes?
412. Qu'y a-t-il à remarquer sur les noms de consignes militaires?
413. Qu'y a-t-il à remarquer sur les dignités ecclésiastiques et autres?

CHAPITRE II

ANIMAUX DONT LE MALE ET LA FEMELLE ET QUELQUEFOIS LES PETITS, ONT REÇU DES NOMS PARTICULIERS.

414. Règle générale. La grammaire enseigne que pour les animaux dont le mâle et la femelle ont reçu des noms particuliers, le nom du mâle est du genre masculin ; et le nom par lequel on désigne particulièrement la femelle est du genre féminin, quelles qu'en soient l'orthographe et la terminaison.

415. Les noms des petits sont du masculin, excepté les deux qui sont terminés par un *e* muet :

Une génisse, et une pouliche.

Il n'y a souvent aucune ressemblance entre le nom masculin et le nom féminin correspondant.

En voici la liste par ordre alphabétique :

Quadrupèdes.

Masculin.	Féminin.	Noms des petits.
Un âne.	Une ânesse.	Un ânon.
Un barbet.	Une barbette.	
Un bélier, un mouton.	Une brebis.	Un agneau.
Un bœuf, un taureau.	Une vache.	Un veau, une génisse.
Un bouc.	Une chèvre.	Un chevreau.
Un buffle.	Une bufflesse, ou bufflonne (1).	

---

(1) On dit mieux : la femelle du buffle, la femelle buffle. Buffon dit même tout simplement : la buffle.

NOMS D'ANIMAUX.

Un bourriquet.	Une bourrique.	
Un cerf.	Une biche.	Un faon.
Un chameau.	Une chamelle.	
Un chat.	Une chatte.	Un chaton, (peu usité).
Un cheval.	Une jument ou cavale.	Un poulain; une pouliche.
Un chevreuil.	Une chevrette.	Un faon de chevreuil.
Un chien.	Une chienne.	
Un cochon, porc ou pourceau.	Une truie.	Un cochon de lait.
Un daim.	Une daine (les chasseurs pr. dine.)	
Un épagneul.	Une épagneule.	
Un lapin.	Une lapine.	Un lapereau.
Un lévrier.	Une levrette.	
Un lièvre.	Une hase.	Un levraut.
Un lion.	Une lionne.	Un lionceau.
Un loup.	Une louve.	Un louveteau.
Un mulet.	Une mule.	
Un ours.	Une ourse.	Un ourson.
Un renard.	Une renarde.	Un renardeau.
Un sanglier.	Une laie.	Un marcassin.
Un singe.	Une guenon.	
Un tigre.	Une tigresse.	

PHRASES-TYPES. Les chasseurs ont tué un *cerf*, trois *chevreuils*, et cinq *lièvres*; plus, un *sanglier* qui avait éventré deux *chiens*.

Comme les chasseurs poursuivaient une *biche* et une *chevrette*, une *chienne* de chasse dépista une *laie* avec ses *marcassins*, et une *hase* avec ses *levrauts*.

Oiseaux.

Un canard.	Une cane.	Un caneton.
Un chapon.	Une poularde.	
Un coq.	Une poule.	Un poussin.
Un dindon.	Une dinde.	Un dindonneau.
Un faisan.	Une faisane ou faisande.	Un faisandeau.
Un jars.	Une oie.	Un oison.
Un linot.	Une linotte.	
Un merle.	Une merlesse ou merlette.	Un merleau.
Un paon (pr. pan).	Une paonne (pr. panne).	Un paonneau (pr. panneau).
Un perroquet.	Une perruche.	
Un poulet.	Une poulette.	
Un serin.	Une serine.	

PHRASES-TYPES. Voyez les *canards* courir vers la mare, tandis que le *coq* chante et que le *dindon* fait la roue avec l'orgueil d'un *paon*.

Quel plaisir de voir la *cane* nager sur la rivière, entourée de ses *canetons*, et la *poule* veiller sur ses *poussins* au bord, pendant que la *dinde* promène fièrement ses *dindonneaux*, et la *paonne*, ses petits *paonneaux*!

QUESTIONNAIRE.

414. Quel est le genre des noms d'animaux désignant un mâle en particulier, et le genre des noms désignant une femelle en particulier?

415. Quel est le genre des noms particuliers aux petits des animaux?

Quelles sont les deux exceptions?

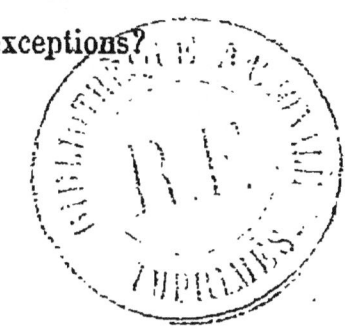

FIN

MODÈLES DE DEVOIRS

Sur le genre des noms

ET D'EXERCICES

Sur l'orthographe d'usage.

PREMIÈRE PARTIE.

Ces devoirs et autres semblables pourront être faits avec beaucoup de facilité et de profit, par les élèves qui auront entre les mains le Fil conducteur pour discerner le genre des substantifs français (1 vol. in-8°), du même auteur, où se trouvent les listes complètes des noms de toutes les terminaisons.

1° A des noms désignés, ajouter des qualificatifs, afin d'apprendre en même temps le genre et l'orthographe de ces noms.

2° Indiquer d'une manière générale le genre des noms de vertus; celui des noms de sciences, de dogmes;

Indiquer le genre des noms d'arbres; de métaux; de couleurs; etc.

3° Faire des phrases historiques, ou géographiques, ou ayant rapport aux sciences, aux arts, à l'agriculture, à l'industrie, aux diverses professions, etc. — Ou citer quelques sentences, quelques passages de bons auteurs, soit sur les noms soumis aux règles, soit sur les exceptions.

4° Faire des phrases où l'on placera des noms composés, après en avoir étudié la règle relative au genre.

5° Faire des phrases sur des homonymes, telles que celles-ci :

> Le gramme est un poids;
> Le pois est un légume;
> La poix sert aux cordonniers, etc., etc.

DEUXIÈME PARTIE.

6° De quel genre sont les noms dont la désinence finale est semblable pour l'oreille à celle de *boa*, quelle qu'en soit d'ailleurs l'orthographe? (Voyez les listes du Fil conducteur, pages 142, 143, 144, 2ᵉ édition).

Écrire 12 exemples par *a*, d'orthographe différente, tels que : *amas, état, rempart, étendard*, etc.

Quelle remarque est à faire sur les exceptions du féminin terminées par un *a* ?

7° Même question pour les noms dont la prononciation finale est semblable au mot *dé*. (V. p. 150 et 153, du F. C.)

Indiquer les exceptions du féminin;

Quelle est l'unique exception des noms terminés en *et*, comme *jouet* ?

8° De quel genre sont les noms en *i*, comme *abri* ?
Indiquer les except. du féminin. (V. p. 160, du F. C.)

9° De quel genre sont les noms en *o*, comme *zéro* ?

Écrire une liste d'exemples, de même désinence et d'orthographe différente, tels que: *broc, bol, bord, sort*, etc. (V. p. 166 et suivantes du F. C.)

10° De quel genre sont les noms terminés comme *tissu* ?

Quels sont les trois noms féminins? (V. p. 171 du F. C.

11° Écrire dix noms terminés comme *l'aimant*. (V. p. 174, du F. C.)

Et dix comme le *vent*; dix comme *cadran*. (V. p. 176, 177, 183 du F. C.)

Indiquer le genre et les exceptions.

12° Quel est le genre des noms comme *four*, quelle qu'en soit l'orthographe ? (V. p. 210, du F. C.)

Indiquer les exceptions.

13° Écrire quelques noms masculins terminés par une syllabe muette, précédée de la voyelle a, comme le *sable*; un *marbre*; un *théâtre*; etc. (V. p. 88, 89, du F. C.)

14° Faire ce même travail sur les autres voyelles. (P. 90 et suivantes.)

15° Apprendre les exceptions aux règles générales des noms en *age, eur*; en *eau, ent*. (V. p. 81, 111, 156, 179, 183 du F. C.)

Apprendre les exceptions des noms en *eur*; ou placer ces noms dans des phrases telles que celle-ci : le vrai *bonheur* consiste dans la vertu.

Idem. Des noms en *ion, té*. (Voir pages 141, 113, 133, du F. C.)

Idem. Des noms en *ée, ie, ure, ence*. (V. pp. 224, 241, 272, 288, du F. C.)

16° Écrire dix noms terminés comme *audace*. (V. p. 212, du F. C.)

En écrire dix terminés comme *potasse*. (V. p. 222, du F. C.)

Signaler les exceptions.

17° Ecrire dix noms comme *annuaire*; autant comme *équerre, ménagère, aiguière*, sur deux colonnes afin de séparer les genres. (V. p. 100, 230, 233, 92 du F. C.)

18° Ecrire dix noms comme *abondance*; et dix comme *clémence*. (V. p. 281, 288 du F. C.)

Ecrire les quatre noms en *endé*; indiquer l'exception du masculin. (V. p. 291 du F. C.)

19° De quel genre est *gabion, caution, lampion, potion, vocation, admiration*; etc., etc. (V. p. 113, et suiv. du F. C.)

20° Ecrire une douzaine de noms comme *séchoir*; autant sur deux colonnes comme *réfectoire, balançoire*, etc. (V. p. 200, et 339, les bouts rimés du F. C.)

Après avoir étudié les terminaisons communes aux deux genres (chapitre V, de la 2ᵉ partie), les élèves pourront composer des phrases assez caractéristiques pour graver dans l'esprit le genre des noms qu'ils y auront placés. Nous en avons donné quelques-unes pour modèles.

TROISIÈME PARTIE.

21° Ecrire les noms féminins correspondants de *filleul, jumeau, parrain, tuteur, lecteur, gouverneur*, etc.

22° Ecrire les noms masculins correspondants de *czarine, reine, suzeraine, bretonne, belge*, etc.

23° Ecrire le féminin correspondant de *lièvre, loup, sanglier*, etc.; et indiquer le nom des petits.

Faire quelques exercices de style, comme lettres ou autres, pour placer certains mots donnés, en y joignant des qualificatifs ou déterminatifs qui en indiquent le genre.

Pour le 1er chapitre de la 1re partie, faire par exemple le récit d'une promenade dans une forêt, y placer des noms d'arbres, tels que *chêne, hêtre, orme, érable, aubépine,* etc. — Il serait bon de marquer d'un signe de convention ceux de ces noms qui font exception à la règle particulière.

Pour le 2e chapitre, faire entrer dans des compositions de style des noms qui suivent la règle générale, et quelques exceptions se rapportant :

— Soit aux constructions diverses et dépendances, tels que *château, parc, tour, moulin, ferme, grange, étang,* — *hôtel, alcôve, cave, antichambre, imposte, gymnase, tonnelle, tunnel,* etc.

— Soit à l'ameublement et au travail, tels que *tapis, fauteuil, rideaux, patère, écritoire, poêle, pince, ciseaux,* etc.

— Soit aux mets de la table, tels que *aubergine, échaudé, entrée, entre-mets, légume, pâté,* etc.

— Soit aux productions végétales, fleurs, fruits, légumes, comme *belle-de-nuit, fuchsia, héliotrope, lilas, iris, narcisse, aveline, datte, pavie, raisin, raifort, salsifis, tomate, verjus,* etc.

— Soit aux pierres précieuses et autres pierres employées dans l'ornementation, telles que *albâtre, diamant, rubis, escarboucle, grenat, granit, marbre, saphir, spinelle,* etc.

On devra toujours désigner les exceptions, en les marquant d'un signe convenu, ou en les accompagnant d'un qualificatif, comme : de vieilles tours crénelées, un gros pavie, un beau spinelle, etc.

Pour la 2e partie, placer dans un devoir de style, ou dans des phrases détachées, des noms de toutes terminaisons, surtout ceux sur le genre desquels on se trompe quelquefois, comme *alvéole, après-midi, ébène*(1), *éclair, emblême, esclandre, fibre, incendie, ivoire, nacre, oriflamme, ouïe*, etc., etc.

Pour la 3º partie, placer les noms comme *chanteur* et *vendeur*, qui ont deux formes pour le féminin ; puis quelques noms employés au masculin quoique désignant une femme, comme *auteur, poète*, etc., et quelques autres employés au féminin quoique désignant un homme, comme *sentinelle, vedette*, etc.

---

(1) C'est par erreur que, dans le Fil Conducteur, les mots *ébène* et *baryte* ont été portés au masculin, et que l'exception *un esclandre* se trouve parmi les noms féminins en *andre*.

SUPPLÉMENT

P. 77. Nos 64. Un intérim (pr. intérimm).
              Un puits.
P. 78.   66. Un rob.
              Un dock.
              Un remords.
P. 79.   69. Un club.
              Un luth.
P. 150. 282. La baryte.

Exemple des noms en *or* :

P. 77.   63. Un cor de chasse.

Exemple des noms en *un* :

P. 89.   97. De l'alun.

ERRATA

Page 41, ligne 20. Au lieu de : (n os 13, 16, 17) ; lisez : (n cs 13, 17, 18.)
Au verso de la page 61, au lieu du folio 2, lisez : folio 62.
Page 76, ligne 20. Au lieu de : 76. Les noms en och ; lisez : 66. Noms en och.
Page 102, ligne 17. Au lieu de Bernadin de St-Pierre ; lisez : Bernardin de St Pierre.

TABLE GÉNÉRALE

DES TERMINAISONS COMPRISES DANS LA 2ᵉ PARTIE DE CET OUVRAGE

SELON L'ORDRE ALPHABÉTIQUE

pour faire connaître sur le champ le genre du mot qu'on cherche.

Abréviations : m, masculin ; f, féminin ; 2 g, des deux genres.

Par A

a, m*............	Pages. 71	aigne, f............	151
ab, m.............	73	ail, m.............	72
abe, âbe, m*......	97	aile, f.............	152
able, âble, m*.....	98	aille, f............	129
abre, m*..........	98	aim, m*...........	84
ac, m.............	72	ain, m*...........	84
ace, f*............	128	aine, aîne, f*.....	151
ach, m............	73	ainte, f...........	158
ache, âche, f*.....	128	air, m.............	80
achme, f..........	134	aire, m*...........	117
acle, âcle, m*.....	98	ais, m.............	80
acre, m*..........	99	aise, f*............	151
acs, m............	73	aison, f...........	166
act, m............	72	aisse, f............	151
acte, m*..........	99	ait, m.............	80
ade, f*............	128	aite, aîte, f*......	152
adre, 2 g..........	174	aive, m............	118
afe, f.............	129	aix, 2 g...........	182
affe, f............	129	al, m..............	72
afle, f............	134	alc, m.............	73
afre, 2 g..........	174	ale, f*.............	129
ag, m.............	73	algue, f...........	134
age, âge, m*......	99	alle, f*............	129
agme, m..........	102	alme, 2 g.........	175
agne, 2 g.........	175	alque, m..........	100
agre, 2 g..........	175	alt, m.............	72
ague, f............	129	alte, m*...........	100
ai, m..............	80	alve, f.............	130
aid, m.............	80	ambe, m*..........	121
aie, f..............	151	amble, m..........	122
aigle, 2 g..........	21	ambre, f...........	158

N. B. Les terminaisons marquées d'un astérisque sont celles qui admettent comme exceptions des noms de genre différent.

ame, âme, 2 g	175	arge, f*	131
amme, f*	130	argne, f	134
amp, m	84	arme, f*	131
ampe, f	158	arne, f	132
amphre, m	122	arpe, f	132
ampre, m	122	arque, f	132
an, m	85	arre, f*	132
anc, m	85	arrhe, 2 g	175
ance, f	158	arrhes, f	175
anche, f*	159	art, m*	72
ancre, m*	121	arte, f	132
and, m	85	artre, f*	132
ande, f*	159	arve, f	134
andre, f	159	as, m	72
ane, f*	130	ase, f*	132
ang, m	85	asme, m	101
ange, f*	159	aspe. m	102
angle, m*	121	asque, f*	132
angue, f	159	asse, f	133
anle, m	121	aste, 2 g	175
anne, f	130	asthme, m	102
anque, 2 g	175	astre, m*	101
anse, f	159	at, ât, m	72
ant, m	85	ate, âte, f*	133
ante, f*	160	âtre, m	101
anthe, m*	121	atte, f	133
antre, m	122	au, m	80
anvre, m	122	aube, f	152
ap, m	72	auce, f	152
ape, âpe, f	130	aud, m	80
aphe, m*	100	aude, f	152
aphte, m	102	aufre, f	152
aphthe, m	102	auge, f	152
appe, f	130	aule, f*	152
âpre, f	134	aulne et aune, 2 g	176
aque, f*	130	aume, m*	118
ar, m	72	aupe, f	152
arbe, f	131	aure, f	152
arbre, m	101	ause, f	152
arc, m	72	ausse, f	152
arce, f	134	aut, m	80
arche, f	131	aute, f	152
ard, m	72	auve, f	152
arde, f	131	aux, 2 g	182
are, f*	131	ave, f*	133

avre, âvre, m............ 101
axe, f*................... 134
aye, f.................... 150
az, m.................... 73
aze, f.................... 134

Par E

é, m*.................... 73
té, f*....................
eau, m*.................. 346
èbe, f.................... 81
èbre, f*.................. 134
ec, m.................... 134
èce, f.................... 74
èche, èche, f*............ 135
ècle, m................... 135
ect, m.................... 106
ecte, 2 g................. 74
ectre, m.................. 176
ed, m..................... 106
ède, m.................... 74
èdre, m................... 102
ée, f*.................... 102
ef, m*.................... 135
effe, 2 g................. 74
êfle, 2 g................. 23
ège, m.................... 176
egle, f eigle, m.......... 103
egme, m................... 176
ègne, m................... 103
egs, m.................... 103
eige, f................... 75
eigne, f*................. 153
eil, m.................... 153
œil, ueil (pron. euil), m. 74
eille, f.................. 82
ein, m.................... 136
eine, f................... 85
eing, m................... 153
eint, m................... 85
einte, f.................. 86
el, m..................... 160
èle, êle, ële, 2 g..... 27 et 74
elle, f*.................. 176
emble, m.................. 136
embre, m.................. 122

ème, ême, ēme, m*........ 103
emme, m................... 103
empe, f................... 160
emple, m.................. 123
emps, m................... 85
en, m..................... 85
ence, f................... 160
enche, f.................. 161
encre, f.................. 161
ende, f*.................. 161
endre, f.................. 161
ène, êne, f*.............. 136
enne, f*.................. 136
enre, m................... 123
ens, m.................... 85
ense, f................... 161
ent, m*................... 85
ente, f................... 161
enthe, f.................. 161
entre, m.................. 123
ep, m..................... 74
èpe, 2 g.................. 177
èpre, f, êpres, f......... 137
eps, m.................... 75
ept, m.................... 74
epte, m................... 106
eptre, m.................. 106
èque, f................... 137
er, m*, ier, m............ 74
erbe, 2 g................. 177
erce, 2 g................. 177
erche, f.................. 137
ercle, f.................. 103
ère, m*, ière, f*..... 104 et 137
erf, m.................... 74
erge, f*.................. 137
ergue, 2 g................ 177
erle, 2 g................. 177
erme, m*.................. 104

erne, f*	137	euble, m	119
erpe, f	138	eue, f	153
erre, 2 g	177	euil, m, veil, m	83
ers, m	74	euille, 2 g	177
erse, f	137	eul, m	82
ert, m	74	eule, f	153
erte, f	137	euple, m	119
ertre, m	106	eur, f	167
erve, f	137	eure, f	153
ès, m	74	eurre, m	119
èse, f*	138	eute, f	153
esque, f	138	eutre, m	119
esse, f	138	euve, f*	154
est, m	74	euvre, œuvre, f*	154
este, m*	105	eux, m	83
estre, m	105	ève, êve, f*	138
et, m*	75	èvre, 2 g	178
ête, ête, f	138	ex, m	75
être, être, m*	105	exe, 2 g	178
ette, f*	138	exte, m	106
ettre, f	138	ez, m	75
eu, m	81	èze, m	106

Par I

, m*	75	ieu, ieux, m	82
ibe, f	143	if, m	76
ible, m	106	iffe, f	110
ibre, m*	106	iffre, m	110
ic, m	76	ifle, f	143
ice, m*	107	ifre, m	110
iche, f*	139	ige, m*	107
icle, 2 g	178	igme, f	183
ict, m	76	igne, 2 g	179
icte, f	143	igue, f	140
id, m	76	il, m	76
ide, 2 g	178	ile, m*	108
idre, m	110	ille, f*	140
iie, f*	139	iltre, m	110
ief, m	74	im, m	86
iel, m	74	imbe, m	123
ien, m	86	imbre, m	124
ier, m	74	ime, îme, f*	140
ère, f*	137	impe, f	162

TABLE GÉNÉRALE.   217

in, m*	86	irque, m	101
inc, m	86	is, m*	76
ince, f	162	isc, m	77
inct, m	86	ise, f*	142
indre, m	124	isme, m	108
ine, f*	140	isque, m*	109
inge, m	123	isse, f*	143
ingle, f	162	iste, f*	143
ingue, f	162	isthme, m	110
inte, f	162	istre, m	109
inthe, f*	162	it, m*	76
intre, m	124	ite, f*	143
nx, m	86	ith, m	77
ion, f*	168	ithe, m*	109
ipe, f*	141	ithme, m	109
ippe, f	141	itre*, îtrc*, m	109
ipse, f	141	ive, f	142
ique, f*	141	ivre*, m	110
ir, m	76	ix, m	76
ire, m*	108	ixe, f	143
irre, irrhe, m	110	iz, m	77

Par O

o m*	77	ofle, m	113
ob, m	77	oge, m*	111
obe, 2 g	179	ogme, m	113
oble, m	113	ogne, f	144
obre, m	110	ogue, m*	111
oc, m	77	oi, m	82
oce, m*	111	oid, m et oids, m	83
och, ooch, m	78	oie, f*	154
oche, f*	143	oif, f	171
ock, m	78	oiffe, f	155
ocle, m	111	oigt, m	83
ocre, f	147	il, m	83
od, m*	78	oile, f*	154
ode, f*	143	oin, m	87
œil, m	82	oine, f*	155
œu, m	82	oing, m	87
œud, m	82	oint, m	87
œuf, m	81	oir, m	83
œuvre, 2 g	26	oire, 2 g	179
offe, f	147	ois, m	83
offre, 2 g	179	oise, f	155

oisse, f	155	op, m	78
oit, m	83	ope, m*	112
oite, oîte, f	155	ophe, f	144
oître, m	119	oppe, f	144
oivre, m	120	oq, m	78
oix, f*	170	oque, f*	145
oke, m	111	or, m	77
ol, m	77	orbe, m	113
ole, ôle, f*	144	orce, m*	145
olfe, m	114	orche, 2 g	180
olle, f	144	ord, m, ords, m	78
olte, f	144	orde, f*	145
om, m	87	ordre, m	113
omb, m	87	ore, m*	113
ombe, f*	162	orge, f*	145
omble, m	125	orgue, 2 g	180
ombre, m*	124	orme, f*	145
ome, ôme, m	111	orne, f*	145
ômme, f*	144	orps, m	78
ompe, f	163	orque, f	147
omphe, m	125	ors, m	78
ompte, m	124	orse, 2 g	180
on, m*	87	ort, m*	78
aison, f	166	orte, f	146
onc, m	88	os, m	78
once, f*	163	ose, f	146
onche, f	164	osque, m	113
oncle, f	125	osse, f*	143
ond, m	88	oste, f*	146
onde, f*	163	ot, ôt, m	78
onds, m	88	ote*, ôte, f	146
one, ône, m	112	otte, f	146
onge, f*	163	ou, m	83
ongle, m	125	ouble, m	120
ongre, m	37	ouc, m	83
ongue, f	164	ouce, m	120
onne, f	144	ouche, f*	155
onque, f	163	oucle, f	155
ons, m	88	oude, 2 g	180
onse, f	164	oudre, f*	155
ont, m	88	oue, f	156
onte, f*	163	ouffe, f	157
ontre, f	163	ouffle, m	120
onts, m	88	ouffre	120
onze, m	125	oufle, f*	156

oufre, m	120	ourme, f	156
ouge, 2 g	181	ourpre, 2 g	28
ougue, f	157	ourre, f	156
oule, f	139	ours, m	83
ouille, f	156	ourse, f	156
oule, f*	156	ourte, f	157
ouls, m	81	ous, m	83
oup, m	83	ouse, f	156
oupe, f*	156	ousse, f	156
ouppe, f	156	ouste, f	156
our, m*	83	out, oût, m	83
ourbe, f	156	oute, f* où e, f	157
ource, f	156	outte, f	157
ourche, f	157	outre, f*	157
ourde, f	156	ouve, f	157
oure, f	157	oux, 2 g	182
ourg, m	83	ôve, f	147
ourge, f	157	oxe, m*	113

Par U

u, m*	79	ult, m	79
ub, m	79	ulte, 2 g	181
ube, m*	114	um, m	89
uble, f	149	ume, f*	148
uc, m	79	un, m	89
uce, f	147	unch, m	89
uche, ûche, f	147	une, f	148
ucre, m	114	unt, m	89
ude, f*	147	upe, f	149
ue, f	148	uple, m	115
ueil, m	82	uppe, f	149
uffe, f	149	uque, f	148
uffle, m	114	ur, m	79
ufle, m	114	ure, f*, ûre, f	149
uga, m	115	urne, 2 g	181
ugue, f	149	us, m	79
uid, m	76	usc, m	79
uis, m	76	uscle, m	115
uit, m*, uits, m	76	use, f	149
ul, m	79	usque, m	115
ulbe, f	149	usse, f	150
ulcre, m	115	uste, m	115
ule, f*	148	ustre, m	115
ulle, 2 g	181	ut, m	79

uth, m	79	uve, f	149
ute, f*, ûte, f	149	ux, m	79
utte, f	149	uxe, m	115

Par Y

ya, m	71	yphe, m	117
ycle, m	116	ypse, m	117
ydre, f	150	ypte, f	150
ye, f	150	yre, m*	116
ygme, m	182	yrrhe, f	150
ygne, m	117	yrse, m	117
yle, m	116	yrte, m	117
ylle, f	150	yse, f	150
ym, m	86	ysme, m	117
yme, m	116	ysse, m	117
ymne, 2 g	24	yste, m	117
ynque, m	125	yte, f	150
ynx, m	86	ythme, m	117
ype, m	116		

TABLE DES MATIÈRES

Pour les terminaisons marquées d'un astérisque, consulter le supplément p. 212 bis

                                                  Pages

Avant-Propos...............................

PREMIÈRE PARTIE

Chapitre Ier.— Distinction du genre des noms d'après leur signification.

		Pages
	Règles particulières..........................	7
1re section.	Noms de la Divinité........................	7
2e section.	Noms abstraits.— Division du temps........	8
	Saisons..................................	9
	1° Vertus; 2° passions de l'âme; 3° qualité et propriété des corps.......................	9
	Crimes..................................	11
	Dogmes.................................	11
3e section.	Noms de sciences et d'arts.................	12
	Beaux-arts.— Arts manuels.................	13
	Lettres de l'alphabet; chiffres; notes de musique.	13
	Signes employés en musique; distances......	14
4e section.	Adjectifs employés substantivement.— Couleurs	15
	Adjectifs de nombre.......................	16
5e section.	Noms composés.— 1° Ceux dans lesquels entre le verbe.............................	16
	2° Ceux qui sont formés à l'aide de parties invariables................................	17
	3° Ceux dans lesquels entrent un substantif masculin et un substantif féminin.............	17
6e section.	Noms génériques..........................	18
7e section.	Noms d'arbres............................	18
	Noms de métaux et métalloïdes.............	19
8e section.	Homonymes..............................	20
	Liste des homonymes......................	21
	N° 20. Dernière remarque..................	
	Questionnaire.............................	

CHAPITRE II. — Distinction du genre des noms d'après la lettre finale

Règle générale.	33
1re section. Quadrupèdes et cétacés.	33
2e section. Oiseaux.	35
3e section. Reptiles et batraciens.	36
4e section. Poissons, crustacés, mollusques, annélides.	37
5e section. Insectes.	38
6e section. Animaux dont le nom est commun au mâle et à la femelle et dont les petits ont reçu des noms particuliers.	39
Questionnaire.	40

CHAPITRE III. — Distinction du genre des noms d'après la lettre finale

Règle générale.	41
1re section. Végétaux. — Arbrisseaux, arbustes, fleurs.	42
Fruits.	43
Céréales, plantes potagères, médicinales, fourragères, oléagineuses, tinctoriales, textiles.	44
2e section. Pierres précieuses, et autres pierres employées dans l'ornementation.	46
3e section. Constructions diverses, bâtiments de terre et de mer, et dépendances.	47
4e section. Ameublement, ustensiles de ménage, fournitures de bureau, instruments de travail et de musique, armes.	49
5e section. Objets de toilette, vêtements.	51
6e section. Comestibles, mets de la table.	52
7e section. Noms géographiques.	54
Questionnaire.	56

DEUXIÈME PARTIE

Aux jeunes élèves latinistes.	61
Questionnaire.	68

CHAPITRE Ier Terminaisons masculines régulières

Règle générale.	70
Exemples de terminaisons diverses sans e muet.	70
Noms masculins auxquels s'applique la règle générale.	

TABLE DES MATIÈRES. 223

1ʳᵉ Section Voyelles simples.	71
Noms en a.	71
— en ac, act, — ail, al, alt, ap, ar, arc, ard, art, — as, at, ât.	72
Noms seuls de leur terminaison en ab, ach, acs, ag, alc, az.	73
Noms en é.	73
— en ec, ect, ed — ef — eil, el, ep, ept — er — erf, ers, ert, ès, est.	74
— en et — ex, ez.	75
Noms seuls de leur terminaison en egs, ep, eps.	75
Noms en i.	75
— en ic, ict, id, if, il, ir, — is — it — ix.	76
Noms seuls de leur terminaison en im,* isc, ith, uits,* iz.	77
Noms en o, ob* — oc, ol, op, or*, ord, orps, ors.	77
— en ort — os, ot, ôt.	78
Noms seuls de leur terminaison en och, ooch, ock*, od, oq, ords*.	78
Noms en u, û — uc, ul, ur, us, usc, ut, ux.	79
Noms seuls de leur terminaison en ub*, ult, uth*.	79
2ᵉ Section. Voyelles composées.	80
Noms en ai, air, ais, ait.	80
Nom seul de sa terminaison en aid.	80
Noms en au, aud, aut.	80
Noms en eau — eu, œuf, euil, ueil, eul, eux.	81
Noms seuls de leur terminaison, en œu, œud.	82
Noms en oi.	82
— en oid, oil, oir, ois, oit.	83
Noms seuls de leur terminaison en oids, oigt*	83
Noms en ou, ouc, oup.	83
— en our, — ourg, ours — ous, out, oût.	83
Nom seul de sa terminaison en ouls.	84
3ᵉ Section. Sons nasaux.	84
Noms en aim, ain.	84
— en amp, an, anc, ang, ant.	84
Nom seul de sa terminaison en and.	85
Noms en ein, eing, emps — en, ens, ent.	85
Nom seul de sa terminaison en eint.	86
Noms en ien, in, ynx.	86
Noms seuls de leur terminaison en inc, inct* inq, inx, ym.	86
Noms en oin, oing, oint, om, omb — on.	87
— en onc, ond, ont.	88
Noms seuls de leur terminaison, en onds, ons, onts	88

TABLE DES MATIÈRES.

Noms en um, un. 89
Noms seuls de leur terminaison en unch, unt. . . 89
Questionnaire. 90

Terminaisons masculines exceptionnelles

Aux jeunes élèves latinistes. 91
Questionnaire. 95

CHAPITRE II.— Terminaisons masculines exceptionnelles

Remarque préliminaire 96
1ʳᵉ section. Noms masculins terminés par une voyelle simple suivie d'une consonne et d'un e muet. 97

Règles particulières.

Noms en abe. 97
— en able — abre — acle. 98
— en acre — acte — age. 99
— en alque — alte — aphe. 100
— en arbre — asme — astre — âtre — avre. 101
Noms seuls de leur terminaison, en agme, aphte, aphtbe, aspe, asthme, ... 102
Noms en èbe — èdre. 102
— en ège — egme — ègne — ème, ême, ême — emme — ercle. 103
— en ère — erme. 104
— en este — estre — être — ètre. 105
Noms seuls de leur terminaison, en ècle, ectre, epte, eptre, erire, èze. 106
Noms en ible — ibre. 106
— en ice — ige. 107
— en ile — ire — isme. 108
— en isque — istre — ithe — ithme — itre itre. 109
— en ivre. 110
Noms seuls de leur terminaison, en idre, iffre, ifre, irque, irre, isthme 110
Noms en obre. 110
— en oce — ocle — oge — ogue — oke — ome — ôme 111
— en one — ône — ope. 112
— en orbe — ordre — ore — osque — oxe. 113
Noms seuls de leur terminaison, en oble, ofle, ogme, olfe. 113
Noms en ube — ucre — uffle — ufle. 114
— en uge — uple — uste — ustre. 115

TABLE DES MATIÈRES.

Noms seuls de leur terminaison, en ulcre, uscle, usque, uxe.	115
Noms en ycle — yle — yme — ype — yre.	116
Noms seuls de leur terminaison, en ygne, yphe, ypse, yrse, ysse, ysme, yste, yrte, ythme.	117
2ᵉ section. Noms masculins terminés par une voyelle composée : ai, au, eu, oi, ou, suivie d'une ou deux consonnes et d'un e muet.	117

Règles particulières.

Par a.	Noms en aire.	117
	— en aume.	118
	Nom seul de sa terminaison, en aive.	118
Par e.	Noms en euble — eurre.	119
	Noms seuls de leur terminaison, en euple, eutre.	119
Par o.	Noms en oître.	119
	Noms seuls de leur terminaison, en oivre, ouble, ouce, ouffle, ouffre, oufre.	120
3ᵉ section.	Noms masculins terminés par un son nasal : am, an, em, en, im, in, om, on, suivi d'une ou deux consonnes et d'un e muet.	121

Règles particulières.

Par a.	Noms en ambe — ancre — angle — anle, anthe.	121
	Noms seuls de leur terminaison, en amble, amphre, ampre, antre, anvre.	122
Par e.	Noms en emble — embre.	122
	— en emple — entre.	123
	Nom seul de sa terminaison, en eure.	123
Par i.	Noms en imbe — inge.	123
	Noms seuls de leur terminaison, en imbre, indre, intre.	124
Par o.	Noms en ombre — ompte.	124
	Noms seuls de leur terminaison, en omble, omphe, ongle, oncle, onze.	125
Par y.	Nom seul de sa terminaison, en ynque.	125
	Questionnaire.	126

CHAPITRE III. — **Terminaisons féminines régulières.**

Règle générale.	127
Exemples de terminaisons diverses avec e muet.	127

Noms féminins auxquels s'applique la règle générale.

1ʳᵉ section. Voyelles simples.	128

TABLE DES MATIÈRES.

Noms en ace, ache, âche — ade................. 128
— en afe, affe, agne, aille — ale — alle..... 129
— en alve — amme — ane — anne, ape, appe. 130
— en aque — arbe, arche, arde — are — arge — arme. 131
— en arne, arpe, arque, arte — arre — artre —
    ase — asque................. 132
— en asse — ate, âte — atte — ave......... 133
— en axe — aze................. 134
Noms seuls de leur terminaison, en achme, afle, algue, âpre, arce, argne, arve................. 134
Noms en èbe, èbre................. 134
— en èce — èche, êche — ée.................. 135
— en eille — elle — ène, êne — enne...... 136
— en èpre, èpres, èque, erche — ière — erge
    — erne — erse, erte, erve................. 137
— en èse — esque, esse, ète, ête — ette — ève, êve 138
Noms seuls de leur terminaison, en erpe, ettre... 138
Noms en iche — ie................. 139
— en iffe, igue — ille — ime, îme — ine.... 140
— en ipe — ippe, ipse, ique................. 141
— en ise — isse, iste — ite — ive......... 142
Noms seuls de leur terminaison, en ibe, icte, ifle, ixe. 143
Noms en oche — ode................. 143
— en ogne — ole, ôle — olle, olte — omme —
    onne, ophe, oppe................. 144
— en oque — orce — orde — orge — orme —
    orne.................. 145
— en orte, ose — osse — oste — ole, ôte — otte. 146
Noms seuls de leur terminaison, ocre, offe, orque, ôve. 147
Noms en uce, uche, ûche — ude................. 147
— en ue — ule — ume — une — uque..... 148
— en ure, ûre — use — ute, ûte — utte, uve.. 149
Noms seuls de leur terminaison, en uble, uffe, ugue,
  ulbe, upe, uppe, usse................. 149
Noms en ydre, yte*................. 150
Noms seuls de leur terminaison, en ye, ylle, ypte,
  yrrhe, yse................. 150

Noms féminins auxquels s'applique la Règle générale.

2ᵉ section. Voyelles composées................. 151
Par a. Noms en aie, aigne, aine, aîne — aise — aisse, aîte,
    — aile — aube, aude, auge — aule — ause,
    ausse, auve................. 151
Noms seuls de leur terminaison, en auce, aufre,
  aupe, aure, aute................. 152

TABLE DES MATIÈRES.

Par e.	Noms en eige — eigne — eine — eue, eule, eure, eute.	153
	— en euve — œuvre, euvre..	154
Par o.	Noms en oie, oile..	154
	— en oine — oise, oisse, oite, oîte	155
	Nom seul de sa terminaison, en oiffe.	155
	Noms en ouche — oucle, oudre,	155
	— en oue, ouille — oufle — oule — oupe.	156
	— en ourbe, ource, ourde, ourme, ourre, ourse, ousse, ouste.	156
	— en oute, oûte, outte — outre.	157
	Noms seuls de leur terminaison, en ouve, ouffe, ougue, ouppe, ourche, oure, ourge, ourte	157
3ᵉ section.	Sons nasaux.	158
Par a.	Noms en ainte — ambre — ampe — ance.	158
	— en anche — ande, andre — ange — angue, anse.	159
	— en ante..	160
Par e.	Noms en einte, empe — ence.	160
	— en ende — ense, ente.	161
	Noms seuls de leur terminaison en enche, encre, endre, enthe.	161
Par i.	Noms en ingle, inque, inte — inthe..	162
	Noms seuls de leur terminaison en impe, ince.	162
Par o.	Noms en ombe, ompe — once — onde — onge — onque — onte — ontre.	163
	Noms seuls de leur terminaison en onche, ongue, onse..	164
	Questionnaire.	164

CHAPITRE IV. — Terminaisons féminines exceptionnelles.

	Règles particulières..	166
	Remarque...	166

Noms féminins terminés par une voyelle sonore ou par une consonne, aison, eur, ion, oix, té.

1ʳᵉ section.	Noms en aison.	166
2ᵉ section.	Noms en eur.	167
3ᵉ section.	Noms en ion.	168
4ᵉ section.	Noms en oix.	170
5ᵉ section.	Noms en té.	170
	Nom seul de sa terminaison en oif.	171
	Questionnaire..	172

CHAPITRE V. — Terminaisons communes aux deux genres.

Remarque préliminaire............................... 173
1re section. Par a. Noms en adre — afre............. 174
— en agne — agre — alme — ame, âme — anque — arrhe — aste... 175
— en aune............................. 176
2e section. Par e. Noms en ecte — èfle — eigle, ègle — èle, êle............................. 176
— en èpe — erbe — erce — ergue — erle — erre — euille.......... 177
— en èvre — exe................. 178
3e section. Par i. Noms en icle — ide........... 178
— en igne........................ 179
4e section. Par o. Noms en obe — offre — oire........ 179
— en orche — orgue — orse — oude — ouge........................ 180
5e section. Par u. Noms en ulle — ulte — urne.......... 181
6e section. Par y. Noms en ygme, igme............ 182

Terminaisons communes aux deux genres dans e muet.

Noms en aix — aux — oux................. 182
Questionnaire........................... 183

TROISIÈME PARTIE

CHAPITRE Ier. — Noms d'hommes et de femmes.

Règle générale............................ 187
1re section. Noms masculins et noms féminins correspondants n'ayant que peu ou point de ressemblance..... 188
2e section. Noms terminés par un e muet et servant pour désigner soit un homme, soit une femme........ 189
section. Noms qui changent de terminaison pour la formation du féminin........................... 191
4e section. Noms masculins n'ayant pas de correspondants féminins............................ 194
Noms féminins n'ayant pas de correspondants masculins............................. 195
5e section. Titres nobiliaires, grades de l'armée de terre et de mer, fonctions civiles................. 196
6e section. Exceptions à la règle générale........... 197
Questionnaire........................... 199

CHAPITRE II. — **Animaux dont le mâle et la femelle et quelquefois les petits ont reçu des noms particuliers.**

Quadrupèdes.................................... 202
Oiseaux.. 204
Questionnaire.................................. 205

Modèles de devoirs sur le genre des noms et d'exercices sur l'orthographe d'usage.

Première partie................................ 207
Deuxième partie................................ 208
Troisième partie............................... 210
Table générale des terminaisons comprises dans la 2ᵉ partie de cet ouvrage........................ 213

PARIS, — IMP. V. GOUPY ET JOURDAN, RUE DE RENNES, 71.

OUVRAGE DU MÊME AUTEUR

LE FIL CONDUCTEUR

Pour discerner le genre des Substantifs de la Langue Française

ET EN APPRENDRE AISÉMENT L'ORTHOGRAPHE

VOCABULAIRE RAISONNÉ

CONTENANT ENVIRON TREIZE MILLE NOMS USUELS

CLASSÉS D'APRÈS UNE MÉTHODE ENTIÈREMENT NEUVE

Un vol in-12

Prix : Broché. . . . . 2 fr. 75 c.
Cartonné. . . . . 3 fr. 25 c.

Se vend à Paris, chez l'auteur, 30, rue d'Enghien, et chez les principaux libraires de la France et de l'Étranger.

PARIS. — IMP. V. GOUPY ET JOURDAN, RUE DE RENNES, 71.

www.ingramcontent.com/pod-product-compliance
Lightning Source LLC
Chambersburg PA
CBHW061956180426
43198CB00036B/1256